EN QUÊTE DE MÈRE

ELLE N'AVAIT PAS D'ÂGE

MARIANNE GRASSELLI MEIER

Herstellung und Verlag: BoD – Books on Demand, Norderstedt

© 2024 Marianne Grasselli Meier

https://espritdefemme.ch

ISBN : 9783759731074

« L'art est un anti-destin. »
André Malraux

Donc l'écriture aussi ?
L'auteure

« En elle-même, la vie n'a pas de sens. La vie est une opportunité de créer du sens.
Le sens ne doit pas être découvert, il doit être créé. Vous ne trouverez un sens que si vous le créez. »

Osho (2014) *Créativité*

PRÉFACE

« Comment une mère peut-elle abandonner son enfant ? » ... Voici la question posée dès le départ par l'auteure, question vertigineuse qui nous interpelle tous au plus profond de notre cœur. Le récit captivant et bouleversant que nous offre Marianne Grasselli Meier apporte des réponses plus éclairantes et plus profondes que bien des ouvrages de psychologie sur le sujet.

En voyageant sur la ligne du temps sur plus d'un demi-siècle et en rencontrant Emma, Lily et Marianne, ainsi que leurs compagnons et compagnes de traversée, nous embarquons dans un périple intensément vivant. Au fil des pages, nous sommes les témoins privilégiés d'une intimité personnelle et familiale, pétrie de solitude et de souffrance, mais de résilience aussi. Sur trois générations, ces femmes se battent avec l'existence et ses défis. Avancer malgré le sentiment de vide, survivre à l'attente, trouver du sens au non-sens apparent, puiser la force en soi et autour de soi pour continuer de continuer. Tant de leçons de courage qui touchent et enseignent.

Marianne Grasselli Meier nous fait vivre, de l'intérieur, l'intensité d'une réalité traumatique qui touche bien des individus : la non-relation avec la mère. Ne pas vivre de liens de proximité et d'affection avec celle qui nous a porté, enfanté, puis, le plus souvent, élevé est un psycho-traumatisme grave, bien connu des thérapeutes et des psychologues. En effet, de toutes les espèces animales, l'être humain est le plus dépendant et le plus vulnérable à la naissance. D'origine biologique et destinés à notre survie, nos besoins d'attachement aux autres sont donc très importants. Sans mère suffisamment nourricière, surtout affectivement, ou un substitut (un papa suffisamment bon notamment), nous pouvons fortement nous dégrader physiquement et psychiquement, voire en mourir dans les cas extrêmes. Lorsque ces carences affectives durent, comme c'est le cas pour nos héroïnes, les blessures sont immenses et peuvent durer la vie entière. Les rendez-vous perpétuellement manqués entre mère et enfant sont alors des tortures morales pouvant amener à la dépression sévère voire à la dissociation psychotique.

Le récit de Marianne Grasselli Meier nous dépeint avec finesse et précision ces répétitions transgénérationnelles de séparations, d'errances et de déconnexions multiples, à soi et aux autres. Les forces du manque se déploient de mère en fille et ravagent dramatiquement sur leur passage.

C'est alors presque un miracle de voir que, malgré ces puits de solitude et de désespoir, la vie, tel un animal fougueux et entêté, poursuit sa route et se fraie un chemin à travers les épreuves. Parallèlement à celles-ci, s'alignent aussi les soutiens et les piliers de résilience : l'amitié qui dure toute une vie, la musique qui fait vibrer et ouvre à plus grand, les adultes qui tiennent la route et rassurent, les animaux avec qui le contact est possible quand il ne l'est pas ailleurs, et autres cadeaux-étoiles de la galaxie existentielle humaine.

On ressort de la lecture la conscience plus grande sur des réalités émotionnelles terribles qui existent et développent notre empathie, le cœur plus ouvert pour donner amour et attention à nos proches, et, enfin, le corps plus présent pour être là et naviguer intensément la rivière tumultueuse et fascinante de l'incarnation.

Gwénaëlle Persiaux

Psychologue, Auteure de *Guérir les blessures d'attachement*, *Coupé des autres, coupé de soi*, et *Traverser la perte de sens*, publiés chez Eyrolles.

INTRODUCTION

Ce récit est une fiction, mais pas que. Ce récit est une réalité, mais pas que. C'est avant tout un devoir de mémoire ; mettre bout à bout des scènes qui constituèrent ma vie – donc véridiques – avec l'inconnue vérité de celle de ma mère, de sa mère avant elle et de notre non-relation. Avec une seule question en filigrane « Comment une mère peut-elle abandonner son enfant ? »

Une existence à trous qu'il me fallait combler, image par image, pour en découvrir un semblant de sens.

Les scènes sont, soit décrites telles que vécues, soit issues de bribes de conversation que j'ai captées – ici ou là – ma vie durant et principalement APRÈS la mort de ma mère. Le cœur du bébé, de la petite fille, dont je retrace ici le vécu, bat toujours en moi. Un devoir de mémoire ? Enfoui au sein même de mes cellules.

Une existence tissée de trous – de mémoire – dont il fallait absolument raconter l'histoire. De page en page, un destin intergénérationnel se dessine : une lignée de femmes meurtries dont les blessures en affecteront d'autres.

L'année dernière, mon père est décédé. Je suis « redevenue » orpheline. La boucle est bouclée.

Une narration, une fiction certes, mais qui donnera au moins un fil conducteur à la lignée qui me succède. Je dédie donc tout naturellement ce livre à mes enfants et à mes petits-enfants.

Avec amour,
Péry, Suisse.

1957

*pfouiii... chou pfouiii... chou 90 jours, 90 nuits, 90 de quelque chose qui
s'appelle le monde
et qui crée un pfouiii... chou Perpétuel, rassurant. Vital.*

L'appartement était fonctionnel. Il avait fallu se loger rapidement.
Tout avait soudain pris de la vitesse. La vitesse il aimait bien. Pas elle.
Ils avaient trouvé ce meublé ; un kit d'appartement fonctionnel. Idéal
pour un jeune couple, leur avait-on conseillé. Idéal pour des jeunes
mariés. Moins pour de jeunes parents. L'appartement était sombre,
mais possédait tout ce que l'on pouvait espérer. Une petite cuisine en
formica bleu clair. La petite fenêtre au-dessus du lavabo, suffisante
pour laisser s'échapper les odeurs indésirables ; celles qui stagnent
après les repas et qu'elle détestait. Une fois mangés, les plats restants
n'étaient que détritus. Fini, on passait à autre chose. Lui avait bon
appétit quand il mangeait à la maison. « À la maison », une formula-
tion bizarre, incongrue à ses oreilles. L'appartement avait une seule
pièce à vivre : un salon avec un canapé gris qui pouvait se définir
comme propre ou sale ; la couleur ne changeait en rien. Pratique. Une

petite table sur trois pieds, pour faire moderne. Une commode basse sur laquelle trônaient un tourne-disque et une pile de 33 tours, tenus d'un côté par le mur. La chambre à coucher possédait une petite alcôve, bien utile pour le petit lit à barreaux qu'ils avaient déniché aux puces, sur la Plaine. Un lit d'enfant d'occasion se trouve facilement. C'est fou ce que les bébés grandissent vite. Enfin, ceux des autres.

Elle était assise sur le canapé gris, sale-propre. Les jambes croisées comme si elle attendait le tramway sur un banc public. Des jambes longues, fines. Son attention était portée sur l'horloge au mur, face à l'entrée. Il n'y en avait pas lorsqu'ils avaient emménagé. Mais un appartement sans horloge, ce n'est pas un lieu de vie. Il lui avait acheté l'un de ces cylindres en plastique blanc flanqué de grosses aiguilles noires qui sautaient sur les minutes comme pour les attraper. Les chiffres s'en remettaient ; ils poursuivaient leur ronde, en redemandaient chaque jour sans se lasser. Ces journées, elle les vivait au rythme de ces aiguilles sauteuses et du lait qui lui gonflait les seins.

La pièce à vivre s'ouvrait sur un minuscule balcon, juste bon pour faire un pas dehors. Dehors, la rue et l'immeuble d'en face. Il lui semblait qu'elle aurait pu tendre la main et toucher la fenêtre du voisin de l'autre côté. Lui, en tout cas, il se tenait souvent à la fenêtre, à moitié caché derrière un rideau sans couleur. Peut-être attendait-il de l'apercevoir en déshabillé. Il pouvait attendre... Elle n'était pas de ces filles-là ! À l'orphelinat, on apprenait surtout les bonnes manières. Elle repoussa légèrement le bas de sa jupe sur ces genoux.

Depuis deux semaines, bientôt trois, elle pointait à l'usine de la maternité, chaque matin. Avec les repas à préparer, le ménage et le temps qu'il lui fallait pour monter à l'Hôpital et revenir, le seul moment tranquille qui lui restait était celui où elle tirait laborieusement son lait. Là, assise, jambes étirées à présent jusque sous la table basse, elle se demandait si c'était la vie qu'elle avait souhaité : une machine à traire sans rien recevoir en retour. Même pas un *merci* que les autres mères, pensait-elle, pouvaient imaginer dans l'éclat du regard de leurs petits lorsqu'elles les avaient tout contre elles. Arriverait-il un jour ce moment où les yeux de son enfant croiseraient les siens ? Qu'est-ce qu'ils lui raconteraient d'elle, d'eux ? En tout cas pas *merci*. Ce n'est pas une vie, se disait-elle, bien qu'elle n'en connaisse pas d'autre.

———

pfouiii... chou pfouiii... chou Le son remplit ma vie, remplit mon corps. Je m'y attarde parce que rien d'autre ne se passe. Parfois des mains me tournent. Le toucher du tissu sur lequel je suis allongée change de texture et de température.
J'aime et je n'aime pas. Je miaule. Enfin c'est comme cela que je définirais l'articulation sonore d'un nouveau-né d'à peine un kilo. Je dors et je miaule.
Je mange et je bois aussi, par les tuyaux auxquels je suis attachée. Mon préféré c'est celui qui souffle sans arrêt son pfouiii... chou pfouiii... chou Peut-être que c'est mon
prénom finalement ? S'il me le répète, c'est bien pour que je me sente exister, non ?

LE FROID DE DÉCEMBRE, elle déteste. Malgré le manteau de laine bleu – elle aime décidément le bleu – et les gants en peau de la même couleur, elle grelotte. Elle a placé des mouchoirs dans son soutien-gorge pour ne pas tacher son chemisier. Elle essaie de marcher d'un bon pas, tout en s'arc-boutant vers l'avant, ventre rentré, pour que ses seins ne touchent pas le tissu. Peine perdue. Elle sait déjà qu'il faudra tout laver, une nouvelle fois, dans le lavabo de la salle de bains dès qu'elle rentrera. Le dessus de la baignoire ressemble à une rue napolitaine, avec son linge mouillé qui pend jusqu'à mi-hauteur. Lui, il s'en fout. Il aime ce chaos domestique. Peut-être à cause de ses origines italiennes ? Mais elle, non. À l'orphelinat tout est propre, hygiéniquement propre. Dehors comme dedans.

Une fois le grand boulevard traversé, il faut monter les rues adjacentes pour accéder à la maternité. Cette grande bâtisse se trouve à l'orée des quartiers chics de Genève. Les riches au-dessus, les plus pauvres dessous ; c'est valable partout et dans la Genève internationale aussi. Les orphelinats comme les hôpitaux sont construits grâce aux dons des plus riches ; anciens lieux de vie que l'on destine par héritage à la ville ou récoltes de fonds pour aider les plus démunis. Le mécénat social de la bourgeoisie. Genève a ses pauvres, ses enfants de la honte et ses travailleurs étrangers. La honte, c'est son héritage à elle. L'émigré étranger, un espoir.

La maternité est une grande bâtisse imposante. L'entrée ressemble au hall d'entrée d'un hôtel cossu. Bois et fauteuils de tissu rouge. Son cabas contenant les bouteilles de lait sous le bras gauche, elle s'avance vers la réceptionniste. Un bref coup d'œil et celle-ci lui fait signe de poursuivre. Une *habituée* des lieux, se dit-elle. Cette dernière année, elle a sûrement passé plus de temps ici que partout ailleurs. Deux fausses couches l'avaient traînée jusqu'en haut des marches de marbre. Après les examens d'usage, on l'avait transportée au bâtiment principal où toute trace de ce début de vie avait été récurée, raclée. Propre. Un bas-ventre hygiéniquement propre. Deux fois. À la troisième au début de la belle saison, elle ne s'était pas fait trop d'illusions, l'œuf ne tiendrait pas. Devant le grand miroir à glace de l'armoire, en sous-vêtements, elle se palpait sous le nombril. Elle était toujours aussi mince, la poitrine haute et ferme. Elle se vit froncer les sourcils, ce qui renforçait l'impression de dureté de son regard. Comme c'est *elle* qu'elle regardait ainsi, elle secoua vivement la tête d'un petit geste de négation pour esquisser un sourire. Les pommettes hautes, les fines poches sous les yeux se soulevèrent telles des ballerines que les danseurs emportent dans les airs. Un petit air mutin, entre timidité et espièglerie. Son corps ne montrait aucun signe particulier. Elle ne ressentait rien. Soulagement.

À la maternité, les étages étaient définis par ordre de priorité ; urgence de la perte des eaux, déambulations des femmes entre WC et lit provisoire, quelques cris au fond du couloir, des pleurs parfois, puis le palier silencieux des nouvelles mères. Il fallait traverser ce havre de paix, bordé de chariots à fleurs odorantes qu'on déplaçait pour la nuit, pour entrer dans l'aire destinée aux nouveau-nés. Un bref regard vers la salle des petits lits alignés, étiquetés, avant de se faire arrêter par l'infirmière-cheffe. Machinalement, après un bref « Bonjour Madame », le sac était emporté. Le lait serait validé, d'autres bouteilles stérilisées viendraient combler le cabas à fleurs.

« Vous voulez la voir ? » Oui. Deux jours qu'elle n'était pas entrée dans la salle des machines, comme elle l'appelait. Espérant la voir babillant, tournant enfin sa minuscule tête ronde vers elle. Chaque fois déçue. Bien que la boîte fût vitrée, la petite chose restait encore bien anonyme, entourée de sondes et de bandages. Son lange lui arrivait au-dessus du nombril. En s'approchant par le dessus, elle remarqua que de minuscules ongles se dessinaient au bout de ses doigts. Elle n'est pas finie, s'était-elle entendue dire, lorsque le bébé lui avait été rapidement présenté. Comment pourrait-elle coudre sans doigts ? Quelle drôle de pensée lui avait traversé la tête ! Aujourd'hui, elle sentait comme un début de soulagement. Une fille qui coud est une fille sauvée. L'infir-mière se désinfecta les mains, les avant-bras puis entra ses deux bras dans les orifices latéraux. Elle toucha légèrement le bébé qui tressaillit, comme mû par une décharge électrique. Les quatre membres s'agi-tèrent un bref instant puis se détendirent tout en lenteur.

« Quand pourra-t-elle téter ? » L'infirmière tourna la tête vers la femme qui se tenait là, manteau ouvert sur un chemisier blanc, des auréoles jaunâtres sur la poitrine.

« Votre lait est utile à d'autres bébés, Madame. » Puis revenant vers celui endormi, elle le déplaça doucement sur l'autre côté. « Nous ne savons pas encore, peut-être dans un mois ? Nous n'avons jamais eu de prématuré si… prématuré. » Silence. L'infirmière remarqua encore que la femme n'avait fait aucun geste. Elle ne s'était pas baissée au niveau du petit lit. Elle restait plantée là, droite, maladroite, inutile. « Un mois ? » avait-elle juste murmuré en se parlant à elle-même. Ses lèvres s'étaient froissées. « Nous avons de nombreux étudiants en médecine qui rendent visite à votre fille, vous savez… » Carrément inutile. « Vous voyez, cet enfant est vraiment un miracle… » Certes, certes. Puis lorsque leurs yeux se rencontrèrent, « Nous prenons bien soin d'elle », conclut-elle.

pfouiii... chou pfouiii... chou zhzhzhzhzhzhzh... Choc Alarme Je bouge, je bouge, je vis, je bouge, je vis, je bouge, je bouge, c'est fini, fini, tout est bon, tout est bien c'est fini je respire je respire je... pfouiiii... chou... pfouiiiii chou mon monde se limite à cela et c'est bon, c'est bien.

Mon corps a été déplacé. Je sens mon épaule, plus bas la cuisse. Mon ventre est un peu tendu par la sonde.

Tranquille, tout redevient tranquille. pfouiii... chou

Je n'attends rien

Je suis.

À L'ÉTÉ, elle avait compris qu'elle était *vraiment* enceinte. Puisque c'est ainsi, avait-il dit, nous nous marierons. Il s'était exprimé sur un ton faussement mature, ce qui l'avait surprise. Ils ne vivaient pas encore ensemble ; il aurait pu partir avec une bonne excuse et la laisser avec ce ventre qui ne gonflait pas mais qui changeait tout. Il s'était approché, lui avait pris la tête entre ses mains et lui avait embrassé le front. « Ça te va ? – Oui, oui, c'est bien comme ça. » Pendant les quelques semaines qui suivirent, ils n'en parlèrent plus. Par contre, ils prenaient le scooter, chaque jour, pour de longues virées. D'abord en ville, puis dans les villages le long du lac. Ensuite, il avait changé de cap, ils se retrouvaient sur les routes de campagne, du côté français. Ils s'aventuraient de plus en plus souvent hors des routes goudronnées, sur des chemins caillouteux où la Vespa sursautait, freinait, repartait de plus belle, contournait, sautait. Assise à califourchon derrière lui, elle se serrait fort contre lui pour ne pas tomber. Son corps se tendait, se relâchait, se tendait. Elle serrait les fesses. Au retour, lorsque la vitesse régulière de la moto la grisait à nouveau, elle se demandait si son bas-ventre avait été suffisamment secoué. Ils n'en parlaient pas. Ils auraient juste fait le maximum pour forcer le destin.

« Une vraie pondeuse ! » s'était exclamée sa mère au téléphone. « Tu es vraiment comme moi ! Crac et on tombe enceinte ! » Elle n'avait pas répondu. Elle ne savait pas quoi lui dire, ni pour la rassurer ni pour la contrarier. Pour cela il aurait fallu qu'elles se connaissent un peu, rien qu'un peu et ce n'était pas le cas. Rencontrer sa mère quatre fois par La grande femme osa une moue qui ressemblait à un sourire las et à un *oui* à peine esquissé. C'est bien cela : inutile.

La femme en blanc raccompagna la visiteuse le long du couloir. « Vous avez vos bouteilles ? » Hochement de tête.

« Vous revenez demain ? » Nouveau hochement de tête. Enfin, le manteau bleu se referma, bouton après bouton.

« Jusqu'à Noël » fut sa conclusion et les mots qu'elle prononça en guise d'au revoir.

an, ce n'est pas ce qu'on appelle se connaître. Elle voulait lui annoncer son mariage prévu en septembre ; la date avait été fixée au 21, jour où l'été se terminerait. « Tu viendras ? – Non. » Elle avait raccroché.

Emma* était restée un long moment la main posée sur le combiné noir. Affaissée dans le siège aux coussins fanés, son corps lourd ne demandait qu'à rester immobile. Alors, comme ça, son aînée était enceinte ! Quel autre malheur allait arriver ? Quelle mauvaise nouvelle cette journée allait-elle lui apporter ? Jamais elle ne verrait cet enfant. Qu'allait-elle donc imaginer ? Qu'elle serait une grand-mère à défaut de n'avoir su être une mère ? Elle se leurrait. Elle se souvenait de son regard inquisiteur lors de sa dernière visite. C'était... Quand déjà ? Peut-être qu'Ariane le saurait. Ariane se rappelait de tout, elle. Bon, disons trois ans, c'est un bon chiffre. C'est sûrement cela : la dernière année où elle lui avait rendu visite à l'orphelinat. Elle se leva lentement pour se placer sur la chaise près de la fenêtre. Elle écarta les rideaux. De là, elle voyait toute la rue Dancet. À mi-chemin, du haut de son 1er étage, elle observait le mouvement incessant des gens qui montaient ou descendaient la rue.

Elle les regardait s'affairer, aller et venir, se saluer. Quelques femmes s'arrêtaient, de temps en temps, pour parler plus longuement. Elles parlaient d'elle ; elle en était sûre. Elles levaient leurs têtes vers le ciel, riant, une main sur la bouche. Mais c'est elle qu'elles cherchaient à apercevoir, derrière le rideau plié. Puis elles recommençaient à jacasser, les poules.

---

* Certains noms ou prénoms ont été modifiés, par choix de l'auteure ou par manque d'informations.

Des poules pondeuses, elles aussi. Des poules, des poules, que des poules. Elle ricanait, ses épaules se soulevant de cette joie laborieuse. Son travail de la journée accompli, elle se déplaçait à la cuisine pour se faire une chicorée. Elle ne verrait jamais cet enfant. Pour son bien, se rassura-t-elle, l'ombre d'un instant.

Emma

1942

Les dernières fois qu'il était rentré, c'était pour s'affaler tout habillé sur le lit et ronfler jusqu'au petit matin avant de repartir au chantier. Quels chantiers ? Elle ne le savait même pas. De nombreuses constructions s'étaient arrêtées, les temps incertains, l'avenir indéchiffrable même pour les promoteurs. Il lui avait lancé quelques billets sur la table avant de claquer la porte. Cela faisait longtemps qu'ils ne se parlaient plus, ni par la bouche ni par le corps. Sauf les coups de boutoir lorsqu'il la prenait au milieu de la nuit. Était-elle encore désirable ? Son homme n'exprimait plus que ses besoins. À la naissance de Lily tout avait basculé. Elle avait gardé leur simple logis de deux pièces qui était devenu son seul lieu à vivre. Il ne la touchait plus depuis sa grossesse. Cet enfant, c'était de sa faute à elle. De plus, il n'était pas sûr d'en être le père. Il ne la reconnaîtra pas.

Le deux pièces était devenu l'univers de Lily et de sa mère. Lui n'était jamais revenu. La petite allait débuter l'école et le service de tutelle de la Ville de Genève s'était inquiété. Une dame au teint rougeaud lui avait rendu visite à plusieurs reprises. Elle portait un drôle de chapeau plat plaqué de côté sur ses cheveux roux ; de la « haute ». La visiteuse apportait de l'argent et des conseils. Emma prenait l'argent, n'écoutait pas les conseils.

Ce jour-là, Lily était assise sur le fauteuil, les mains sur les cuisses, le dos droit, pendant que les dames discutaient à la cuisine. Elle respirait à peine. Levant ses yeux vers la tapisserie à gros motifs floraux délavés, elle s'imaginait se fondre dans la rose, entrer dans le mur pour écouter sans se faire voir. Quand, enfin, la grosse dame était réapparue, elle avait appelé Lily doucement par son prénom. La fillette avait posé son regard sur elle. Elle était chic, bien habillée. Pas comme sa mère, en tablier jaune crasse qui mouchait à présent ses yeux rougis mais secs. « Lily, prépare une valise avec tes affaires. Je viendrai te chercher cet après-midi avec

M. Ducommun. Nous allons t'inviter à vivre dans une belle maison. Tu verras, tu y seras bien. » Elle avait touché son épaule de sa main gantée et Lily avait reniflé l'odeur de la naphtaline émanant de son manteau de fourrure. Se retournant vers Emma et d'un ton sec « Faites que tout soit prêt, Madame. » Elle était passée devant elle, tout près d'elle, trop près, pour sortir par la porte d'entrée. Un instant, Lily pensa qu'elle l'avait bousculée. Mais non. Sa mère était juste devenue transparente.

1942 - 1954

Madeline, son amie, sa seule amie. Dès cet instant et pour toute la vie. Madeline était bien plus grande que Lily : à six ans, deux ans c'est une sacrée différence. Madeline était l'opposé de Lily ; aussi blonde que Lily était brune, aussi ronde que Lily était maigre, les cheveux aussi filasse et longs que ceux courts et bouclés de Lily. Amies à vie. Madeline avait décidé de faire l'éducation de sa copine de chambre. Elle allait tout lui expliquer : comment vivre dans cette grande maison, là où aller et où ne jamais s'aventurer. Comment se coiffer, s'habiller, prier. Être l'aînée de sa meilleure copine, c'était un travail à plein temps. Et puis, comme la famille n'existait plus, il fallait bien s'en inventer une. Lily et Madeline, comme deux sœurs. À vie. Comment s'imaginer d'ailleurs les douze années de vie commune qui allaient suivre ? Un rythme quotidien ponctué par l'école, l'apprentissage des bonnes manières et de tout ce qu'une fille doit savoir pour devenir une épouse respectée et une mère appréciée.

Au fil de ces années d'apprentissage, coudre et jouer de l'harmonium était devenu la passion de Lily. Là où la vingtaine de filles de son âge s'évertuaient à rapiécer les chaussettes, écourter les ourlets des robes et des jupes, forcir les coutures des bustiers ou resserrer celles de la taille, elle s'y appliquait bien plus vite et mieux que les autres. Elle s'offrait du temps pour broder. Tête penchée sur la trame, parfois longuement contemplative du modèle qu'elle venait d'acquérir, elle s'efforçait de retraduire en multidimensionnel le dessin proposé. Sous ses doigts de plus en plus habiles, point de croix après point de croix, le fil de coton devenait fleur, abeille, paysage, animal en liberté. Elle ponctuait ses créations de sentences morales, elles-mêmes recopiées depuis le calendrier mural protestant. Elle en oubliait la salle, les chuchotements amusés des autres filles, totalement accaparée par sa tâche. « Tu as l'âme d'une artiste » avait lancé Mme Schwarz, en admirant son travail. « Artiste et persévérante » avait-elle ajouté.

Madeline s'approchait d'elle lorsque la lumière du jour baissait et qu'il fallait se préparer au repas du soir. Son amie lui montrait avec fierté son avancée, alors que Madeline lui chuchotait à l'oreille qu'elle s'était acheté un nouveau soutien-gorge, le dernier devenant trop petit. Elles avaient gloussé. Heureusement qu'elles n'étaient pas à table ; on ne parlait pas de ces *choses-là* au réfectoire.

Mais en chambre, on en causait.

Les moments que les deux filles appréciaient le plus, c'étaient les week-ends et les vacances. Elles restaient à la pension ; les deux seules pensionnaires qui ne partaient pas dans leurs familles lors des congés. L'établissement était vide, propre, fleuri. Il allait résonner de leurs rires, de leurs joyeux chahuts, de leurs courses poursuites dans les couloirs et les escaliers. Chaque vendredi était destiné aux grands nettoyages ; lits, draps, récurage des sols des chambres, des salles de bain communes. Les filles repartaient avec des habits immaculés et

des souliers vernis ; labellisées par la pension. Elles revenaient le dimanche soir, en solitaire ou en mini-grappes formées par les plus grandes. Elles se donnaient rendez-vous dans le quartier, afin de faire route de retour ensemble. Certaines boudaient, s'isolaient le temps d'une soirée. D'autres partageaient une douceur, reçue en cadeau, ou se dépêchaient de montrer la nouvelle robe qu'elles étrennaient. Les plus jeunes pleuraient. Revenir pour elles, c'était reproduire le départ, le perpétuel arrachement. Même si le logement familial se fissurait sous les cris, les coups, les injures, à chaque visite, elles croyaient encore à l'arrangement, au désir et à l'amour qui les réunirait à nouveau.

Lily ne voyait sa mère que lors de rares visites. Mme Schwarz partait la chercher en voiture et la ramenait, le temps pour que mère et fille prennent un chocolat chaud ensemble. Elles se parlaient peu. Emma n'était pas à son aise. Lily restait le plus souvent les yeux baissés, scrutant les jambes et les chaussures de sa mère. Les bas effilés, les escarpins râpés. Un nouveau monsieur était devenu son mari et elle habitait maintenant avec lui, dans le quartier de Plainpalais*. Elle avait accouché d'un garçon, il y a quelques mois. Elle viendrait avec lui, à la prochaine visite. Lily avait haussé les épaules.

À la rencontre suivante, Mme Schwarz était venue en tramway avec Emma. Emma poussait un landau à hautes roues qu'elles avaient dû laisser en bas du perron. C'est dans ce lieu impersonnel que Lily avait vu son demi-frère pour la première fois, devant une tasse brûlante mais à présent refroidie qu'Emma arrivait avec peine à atteindre de ses doigts boudinés. Walter avait ses yeux. Elle l'avait remarqué même si elle n'avait que sept ans. Ce qu'elle avait aussi observé, c'était la rondeur du ventre de sa mère, qui semblait se pencher et se relever avec peine.

Emma n'était plus revenue, alors que Lily débutait la broderie et se vouait avec passion à l'harmonium.

---

* Quartier de Genève qui borde de part et d'autre la Plaine de Plainpalais. Reconnaissable de très haut dans le ciel, cet exceptionnel losange urbain de 640 mètres de long par 200 mètres de large est l'une des plus vastes esplanades de Suisse. Différents marchés, cirques et autres rendez-vous forains se succèdent et alternent avec les grands événements et manifestations variées.

1948

Walter et Ariane avaient sursauté. Les coups portés à la porte n'avaient pas cessé. De plus en plus forts. À présent, une voix de femme puis celle d'un homme appelaient le nom de leur mère. Celle-ci s'était levée d'un bond, attablée avec les petits dans la petite cuisine. Elle gesticulait, courant à la salle de bain, tirant la chasse d'eau, remettant son peigne dans ses cheveux. Regard apeuré devant le miroir. Elle jetait le dessus de lit sur les draps froissés. « Maman... on frappe ! » Walter s'était rapproché de la chaise où Ariane se tenait à présent accroupie. Il l'avait spontanément prise par l'épaule, ramenée à lui dans un geste protecteur. « Madame... nous savons que vous êtes là avec les enfants. Cela ne sert à rien de nous faire attendre... » Des coups, encore. Maman s'était précipitée à la cuisine, en avait fait le tour d'un regard mouillé : la vaisselle sale en vrac, le pain sec dans ses miettes du déjeuner, le fond de soupe dans la casserole qui bouillait sur le gaz. Midi. Les enfants coloriant la page d'un album, assis à deux sur la même chaise. Elle avait crié à son tour

« Je viens... je viens... » Alors qu'elle ouvrait la porte du logement. L'homme et la femme s'étaient précipités à l'intérieur, la poussant devant eux. « Nous avions rendez-vous, Madame ! » lança la femme tout en sueur. Ariane et Walter se tenaient à l'embrasure de la porte du salon.

L'homme s'était campé devant maman pour la retenir, l'empêcher de bouger. Elle avait osé un « Mon mari va rentrer » d'un ton mal assuré. La femme allait et venait dans le minuscule appartement. Elle retira d'un mouvement brusque le dessus de lit, renifla les draps d'un air dégoûté. Revenant dans la pièce principale, triomphante

« Non, Madame, nous savons bien qu'il ne reviendra pas. » Puis, montrant les enfants du doigt « Préparez leurs affaires s'il vous plaît ! » Walter appela incrédule

« Maman ??? » Emma se jeta plus qu'elle ne s'agenouilla près d'eux deux. « Ça va aller, ça va aller... » Une de ses mains passa sur la chevelure d'Ariane puis sur la joue de Walter. Elle se releva. « Allez, les enfants, prenez un jouet, une peluche, pre... » Sa voix s'éteignit. Déjà la femme ouvrait l'armoire et jetait quelques vêtements dans un sac.

« Décidément, vous n'avez rien de propre ! » et s'adressant à l'homme « Regarde bien, Victor, ce que c'est que le logement d'une fille mère ! » La porte claqua, assourdissant les pleurs d'Ariane. Walter lui tenait la main, le plus fort qu'il pouvait, alors qu'ils dévalaient les escaliers vers la voiture qui les attendait.

Emma se tenait debout, encore près de l'entrée, prête à rouvrir la porte et accueillir ses enfants. Rien ne vint. De longues minutes s'en suivirent à veiller pour que le cauchemar se termine. Quand elle retourna enfin à la cuisine, elle se tenait machinalement le ventre. Elle le palpa un peu, plus fort. Sous ses doigts, un bourrelet qu'elle malaxait à présent, plus fort encore. Un ventre de chatte ! Elle frappait du plat de sa paume le bas de son ventre, plus fort, plus fort. Avec les poings. Un ventre dont la chair pendait, molle, vide. Une image la traversa : celle d'un immense sac de jute dans lequel Walter et Ariane se bousculaient, essayant de s'échapper. Ici, une tête en pleurs, là une autre. Le sac fermé et cette terrible femme qui les frappait d'un bâton. Elle tuait ses chatons, devant elle. Elle hurla, se lâchant tout entière sur le sol. On lui arrachait ses petits, les uns après les autres. Qu'aurait-elle dû faire ou ne pas faire ? Comment la vie aurait-elle pu être différente ? Instant charnière d'un irrémédiable basculement dans la vie, le cœur et la tête d'Emma.

Walter et Ariane lui furent enlevés et placés dans un orphelinat, en campagne, loin de la ville et des transports publics. Les deux, ensemble, car Ariane n'avait que 4 ans.

pfouiii… chou L'instant est différent des autres. J'ai cligné des yeux. J'ai dû m'y reprendre à plusieurs fois. pfouiii… chou Comme si le son ne me suffisait plus, j'ai senti le besoin d'en connaître plus sur la vie. Ma vie. pfouiii… chou Un appel qui venait de je ne sais où. J'ai froncé toute la face. J'ai bavé d'efforts. Battements de paupières. pfouiii… chou L'espace m'a happé d'un coup. Ma vie jusqu'ici se nommait orteils cuisses fesses ventre épaule crâne et – des deux côtés de ces sensations diffuses – l'impression d'avoir des antennes qui bougent tout le temps. En fait je me rends compte pfouiii… chou qu'elles se battaient contre l'espace.

pfouiiiichoupfluiiiichouplouiiiichou mon cœur s'emballe je vis au centre de nulle part. Vite, fermer les yeux pfouiiiichou… pfouiii… chou reprendre sens. Tout est à nouveau de la pure sensation de vie. Rien d'autre. Les bébés le savent bien, quand la vie est juste vie et que c'est bon. Parfois je perçois très loin au-delà des pfouiiichou, des pleurs d'autres bébés. Ils sont dans des espaces infinis autres que le mien mais ils paniquent, ils réclament la sensation d'exister. Ils sont différents de moi. Eux, ils la reçoivent et ils ne pleurent plus. pfouiii… chou pfouiii… chou J'ai pas appris à pleurer. C'est trop tôt.

1950

L'harmonium est près de la fenêtre, dans la salle adjacente à la bibliothèque. Un mini salon avec une mini table, deux mini fauteuils pour les visites et un grand harmonium. La première fois, les pieds de Lily ne touchaient pas les longues pédales. Pas question de s'essayer quand les filles sont présentes. Seule Myriam, la plus âgée de toutes, a appris à en jouer. Elle en fait profiter le pasteur quand il rend visite aux familles ou aux familles de substitution. À Noël tous se joignent aux pensionnaires pour chanter. Myriam est une fille sérieuse, pas comme Madeline. Elle porte des socquettes blanches qui restent blanches tous les jours de la semaine et d'autres plus blanches encore pour le dimanche lorsqu'elle se rend au culte. Aucun choral ne lui résiste ; un accord et tout le monde suit. C'est peut-être la raison pour laquelle Lily aime l'harmonium : elle place ses doigts sur les touches et tout le monde suit. Des notes, puis d'autres, des notes qui se suivent puis, au fil des mois et des années, des notes qui dansent toujours plus vite et plus fort. Le son de l'harmonium est d'une ampleur magique. Si on veut jouer plus fort, il suffit de tirer une tirette sur un côté et le son se modifie de lui-même. Pas besoin de fournir un effort, d'aller chercher une puissance d'accroche ou de frapper dans le poignet ou le bout des doigts. Tire et joue ! L'harmonium, c'est l'orgue de salon. Son répertoire : le sacré.

Quand les jambes de Lily furent assez longues et dégourdies, les pédales rajoutèrent des basses. Un véritable choc que ces vibrations qui lui traversèrent jambe, cuisse, entrejambe et bas ventre. Dès qu'un son lui faisait de telles sensations, elle appelait Madeline qui s'asseyait à ses côtés, sur le banc, pour ressentir ces frissons et s'en amuser. Au moindre bruit dans le couloir, Madeline sautait en bas de la petite estrade et reprenait la lecture de son livre, d'un air sage et appliqué. Ses yeux rieurs croisant ceux de Lily. Madeline reçut de son beau-père son premier mange-disque et le tango fit son apparition dans la chambre des filles. Des chansons en français et en anglais s'invitaient à la radio qui trônait dans le grand salon. Les pensionnaires écoutaient sagement, chantaient les paroles sans bouger de leurs fauteuils. Dans la chambre, c'était différent, Madeline dansait le tango ! Elle traversait la chambre de long en large, tenant à bout de bras un partenaire fictif ou attrapait Lily pour l'accompagner. Elle fermait les yeux d'un air inspiré, poitrine contre poitrine, gémissant passionnément lors de l'accord final de bandonéon. L'harmonium apprivoisa donc le tango, en cachette.

1954

Les orphelinats ne sont pas que des lieux tragiques. Pas que. Mais aussi. Sauf que lorsqu'on y habite pour des années, sans badge de sortie, vaut mieux s'inventer une vie plus sympathique que triste. Une à deux fois par an, Mme Schwab amenait Lily voir Walter et Ariane. Le voyage durait au moins une bonne heure, pour traverser le centre de la ville, s'éloigner de la Jonction pour filer vers Certoux. Mme Schwab était fière de conduire sa voiture et ne s'en privait pas. On la disait vieille fille, mais vieille, elle ne l'était pas. Elle s'était dévouée à ses parents devenus âgés et impotents, puis à sa paroisse. Elle adorait la compagnie des filles de la pension pour qui elle était devenue non pas une mère, mais une grande amie, une confidente. D'ailleurs, une autre mère, les filles n'en auraient pas voulu. Une leur suffisait ou justement ne leur suffisait pas. Cette confiance résolument perdue, elles appréciaient cette femme aux accents alémaniques ; elle leur plaisait bien.

La voiture se gara dans un parc arborisé. L'immense portail d'entrée était impressionnant. La pension semblait fragilement penchée devant la magnificence des sapins environnants. Des cris d'enfants se faisaient entendre à l'extérieur, à l'opposé de la maison. Mme Schwab s'arrangeait pour arriver au moment du temps libre des enfants, en milieu d'après-midi. Ainsi, ils ne dérangeaient personne et surtout pas la routine quotidienne.

Le directeur – ici la pension était mixte – appela Walter et Ariane fut amenée depuis la cour des filles. Tous trois, flanqués des deux adultes, se retrouvèrent dans une pièce à tout faire : salon pour les visiteurs, pièce de repos pour le personnel et... comprenant un poste de télévision sur le buffet. Laissés seuls, les enfants restaient un peu penauds. Lily leur parla des dernières broderies qu'elle avait exécutées et fit de son mieux, dans son rôle d'aînée, pour leur demander de parler d'eux, de leurs activités. Ariane lui coupait sans cesse la parole. Elle revenait sans cesse à leur mère, à sa dernière visite quelques mois auparavant. Selon ce qu'ils avaient compris, elle vivait dans le même appartement, seule. Ni Walter ni elle n'avaient le droit de s'y rendre lors des congés. On avait « peur pour eux » avait expliqué le directeur. Leur mère avait été envoyée à l'hôpital à plusieurs reprises. « Internée... » avait précisé Walter à l'adresse de Lily, en appuyant sur les mots. Maman avait fait du tapage, comme disaient les gens. Les gendarmes avaient dû intervenir, alors qu'elle insultait et menaçait des passants dans la rue. La pension acceptait néanmoins qu'elle leur rende visite, sous surveillance ; les médecins décidaient de ces permissions. À cette nouvelle, Lily n'avait rien ressenti. C'était certes désolant pour ces deux d'être privés de la visite de leur mère, mais... Elle se leva, jeta un dernier coup d'œil à la TV, les embrassa chacun leur tour et leur rappela qu'elle viendrait les revoir tout bientôt. Elle allait leur lancer un « Soyez sages !... » quand elle se ravisa. Ils n'avaient rien d'autre à vivre que

d'être sages. Pas besoin de le leur rappeler. Pas sages ? Plus de pension sous les sapins ombragés ! Pas sages ? Séparés l'un de l'autre. Pas sages ? Un foyer fermé, pour les enfants dits difficiles, sans visite, sans radio... sans TV.*

Quelques mois plus tard, Mme Schwab annonçait l'arrivée de la

---

* Mon oncle obtiendra une indemnité de la Confédération Suisse, en tant que « Victime de mesures de coercition à des fins d'assistance et de placements extrafamiliaux ». Un triste pan de l'histoire suisse : https:// www.humanrights.ch/fr/pfi/droits-humains/acces-justice/mesures-de-coercition-a-fins-dassitance-historique

télévision dans l'établissement. L'harmonium découvrait le rock et Madeline se déhanchait. Sauf qu'elle ne se déhanchait plus dans la chambre ; elle avait la sienne, une chambre de bonne à Champel où l'orphelinat lui avait trouvé son premier emploi. Madeline avait grandi. À 18 ans, les orphelines devenues femmes trouvaient travail et mari. L'instrument en resta quelque temps sans voix, avant de se déchaîner de plus belle, reprenant à la volée les mélodies des chansons à la mode. L'orphelinat, qu'on se le dise, n'est pas un lieu tragique. Pas que.

1957

Le lait maternel, ça pue. Cette odeur âcre l'envahissait totalement. Elle pourrait passer chez Aeschlimann pour donner les chemisiers. Au chimique, l'odeur partirait peut-être. Elle travaillait depuis une année à la Blanchisserie-Teinturerie Aeschlimann, dans le quartier de Plainpalais. Aux fêtes, ils seraient débordés, avec toutes les nappes des restaurants, les vêtements que l'on ne sort que pour le Nouvel An. Mardi, elle avait croisé M. Aeschlimann qui l'avait poliment accostée. Soulevant d'une petite tape le bord de son chapeau « Bonjour Madame Lily... » Son sourire s'était un peu éteint alors qu'une main balayait l'espace en direction de son ventre.

« J'ai appris... je suis désolé... » Elle s'était empressée de le rassurer « Non, non, tout va bien. La petite va bien. Elle est... petite, mais elle va bien. » Il s'était redressé « Mais, tant mieux, tant mieux. » Poursuivant « Vous nous manquez. Il y a du travail en ce moment. Les fêtes... – Oui – Songeriez-vous peut-être à revenir ?... Un jour ou deux dans la semaine ?... Ou sur des après-midis ? ... » Oui, pourquoi pas. Sa vie n'allait quand même pas tourner entre tétines molles et appartement déserté, non ? « Je vais y réfléchir,

M. Aeschlimann. Je vous remercie. Oui. La semaine prochaine, pourquoi pas... » Il avait remis en place son chapeau et la saluait déjà. « On vous attend alors. Avec plaisir. Bonne journée à vous. »

Oui, elle amènerait ses chemisiers au chimique. Patricia les mettrait en machine, à l'œil. Et elle serait débarrassée de cette nauséabonde odeur. Comment les bébés pouvaient aimer ça ? Possible que du sein à la bouche, de la bouche à l'estomac, il n'y ait aucune odeur mais seulement du goût. Une fois elle avait posé une goutte de son lait sur ses lèvres puis secoué la tête de dégoût. Pas mieux. De toute façon, ce lait-ci, il n'avait sûrement pas le goût d'un lait normal, d'un lait maternel. Il n'était pas maternel. Elle n'était pas *mère*.

L'imposant sapin prenait presque l'espace de toute la réception. Faux paquets cadeaux à ses pieds, des dessins d'enfants accrochés à ses branches épineuses, il était censé rappeler aux visiteurs qu'ici nous étions au sein des seins, dans le tabernacle sacré des naissances, une véritable crèche de Noël où reposaient de vrais nouveau-nés. Chacun d'entre eux, réplique du petit Jésus, du plus beau cadeau que la vie pouvait apporter. Elle jeta un bref coup d'œil, curieuse, puis décida de ne pas s'attarder sur les dessins. À quoi bon comparer ?! Papa, maman, petit garçon et bébé. Maman, bébé et le sapin de Noël. Marie, Joseph et Pascal ou Henriette à ses côtés. Marie portant bébé dans ses bras, tête doucement penchée sur le côté. Jambes et bras en bâtonnets, sourires de trait fin, l'étoile jaune ou le sapin vert qui prend la moitié de la feuille. À quoi bon comparer.

Elle déposa, un peu plus brusquement que la veille, le sac à bouteilles sur le petit comptoir de la soignante. « C'est la dernière fois. » L'infirmière se leva un peu plus brusquement que la veille. Aussi. Elle la toisait « Ah... vous êtes sûre ? » Lily piétinait d'une jambe sur l'autre. « Si je vous le dis. » Puis « Comment je dois faire ? » L'infirmière s'empara du

sac et disparut quelques instants dans la pièce adjacente pour revenir avec un petit sachet. « Voilà les médicaments à prendre. Suivez bien les instructions du dépliant. Il va falloir encore tirer votre lait et le jeter pendant quelques jours. La montée de lait va diminuer progressivement. Vous reviendrez nous rapporter la machine quand tout sera fini. » Elle lui tendit le sachet. « Vous voulez voir votre bébé ? » Le bébé, *votre* bébé. Cette possessivité soudaine la déconcerta. « Oui. »

Montrant l'enfant dans sa cage de verre « Elle prend bien. » En effet, le petit crevaillon s'était arrondi. Le visage et le ventre s'humanisaient. « Hier, elle a ouvert les yeux. Presque. C'était touchant. » Elle s'était exprimée d'un ton affectueux, comme si ce bébé était le sien, de sa propre famille. Comment pouvait-on être touché par ce... chiffon de peau ? À bien regarder, chiffon-de-peau pouvait s'enorgueillir d'un semblant de joue. Une minuscule rondelle veloutée de la taille d'un sou à côté de la sonde nasale. Elle observa pour la première fois la vague montante et descendante de sa respiration au-dessus du lange. Trop petite encore pour des vêtements. Une forme non aboutie, même pas une poupée. Une poupée, on peut lui acheter des vêtements.

Pour l'instant, les yeux du bébé étaient clos. Le bruit régulier des pompes reteint son attention. « Je ne viendrai pas demain. » Comme pour s'excuser « C'est Noël et... » L'infirmière passa devant elle pour l'inviter à sortir. « Pas de souci. On s'occupe de tout. Il y a une permanence durant les fêtes, vous savez... » Oui. Elles font de bonnes mères de substitution, se dit-elle en passant dans le couloir. Elle osa un bref « Merci » avant de presser le pas vers la sortie.

pfouiii... chou pfouiii... chou pfouiii... chou
zhhhhhhhhhhhhh... alarme
pfouiii... chou pfouiii... chou zhhhhhhhhhhhhhhhhhhhhhh... alarme
pfouiii... chou
L'instant
zhhhhhhhhhhhhhhhhhhhhhh...
Permanent

LA COUPE DE NOËL était devenue l'évènement du tout Genève, à ne pas manquer. Claude y excellait. Dans l'équipe suisse de natation, poloïste, il nageait par tous les temps. À la belle saison, elle le retrouvait aux bains des Pâquis, entouré de ses copains italo-suisses. Madeline venait les rejoindre quand elle arrivait à se libérer, ce qui lui arrivait de moins en moins souvent. Madeline fréquentait. Elle s'était aussi mise à fumer. Pas Lily. Le Marcel à Madeline était un chic type, un cheminot valaisan, un peu bourru mais amoureux fou. Il la faisait rire tant il était prévenant. « Comme ça fait du bien ! » lui avait-elle glissé à l'oreille alors qu'il l'entraînait vers le plongeoir. Lily souriait. À son amie, à sa joie de vivre, à son éternel romantisme.

Dans la chambre de l'orphelinat, à genoux côte à côte, elles découpaient les magazines des romans photos et créaient de toute pièce un nouveau scénario en mélangeant au hasard les images d'amants éconduits ou celles des longs baisers. C'était

à qui racontait la péripétie amoureuse la plus crédible ou la plus improbable, selon le tirage des dés du jour. Chirurgien célèbre adulé et adultère, infirmière au passé trouble, vieille fille mythomane, enfant enlevé par la pègre et vendu comme esclave en Afrique. Madeline surpassait en imagination toutes les idées que Lily pouvait avoir sur l'amour romantique. Ce noble sentiment finissait toujours par triompher des obstacles, des familles désunies, des secrets inavoués dont seule l'autrice – elle, Madeline – avait découvert l'existence. Se raconter des histoires : leur passion commune. Comment faire autrement lorsque notre propre histoire nous échappe ? Madeline, l'experte en amour.

Quels moments inoubliables ! Les joyeux lurons en maillot et bonnet de bain à fleurs de leurs mères sur la tête, les cris des uns, les crécelles, les trompettes en plastique qui hurlaient de la foule amassée. Claude dans son élément, fanfaronnant, riant aux éclats alors qu'il jetait un seau d'eau froide à son voisin. Le haut-parleur grésillait avant que ne résonne le compte à rebours du directeur de la course. La bousculade pour se mettre au bord du pont, les supporters qui criaient les prénoms de valeureux nageurs, les barques avec leurs rameurs, prêtes à secourir les malchanceux. Tout participait à la fête ; la peur, le courage, la témérité, l'inconscience. Claude s'y préparait toute l'année. Pas une semaine sans aller nager. L'eau était son élément. Peut-être à cause de son léger embonpoint, bien que sa démarche restât gracile. 3 – 2 – 1... feu ! Voilà le grand saut du haut du pont des Bergues, la disparition légèrement inquiétante dans l'eau à moins 5 degrés. Les vigoureux crawls. Elle le reconnut de loin ; quelques grandes brassées papillon pour arriver le premier, une centaine de mètres en avance ! Tout le monde sautillait sur place tant d'excitation que de froid. Vite, il fallait remonter les nageurs, les sécher, leur offrir un thé chaud. Elle se fraya difficilement un passage jusqu'à lui.

« Encore une de gagnée ! » lui lança-t-il en lui montrant fièrement sa médaille. Ils s'embrassèrent d'un baiser furtif, mais le sourire aux yeux. Elle détestait tout autant les effusions en public qu'elle aimait le voir ainsi apprécié. Il était son héros, son artiste. Mais que le temps s'arrête, Dieu, faites que le temps s'arrête !

<h1 style="text-align:center">NOËL 1957</h1>

Le repas était annoncé pour 18h et Mamie n'avait pas souhaité son aide. À leur arrivée, elle s'affairait, terminant de mettre assiettes et couverts, allant et venant d'un pas rapide de la grande pièce à la cuisine. Odette et Juju, autour de la table de la cuisine, finissaient de laver et d'essuyer les verres à vin, sortis pour l'occasion. Le sapin aux bougies encore éteintes trônait près de la cheminée inutilisée. Avant la guerre, on pouvait encore s'y chauffer, mais la sortie en avait été obstruée après les bombardements malheureux du quartier. Par mesure de sécurité. La grande porte entre les deux pièces à vivre ouverte pour l'occasion, l'appartement situé dans l'un des immeubles de la rue du Mail prenait des airs de maison de maître. La longue table était déjà occupée par le père et ses frères en grande discussion. On parlait fort, chacun cherchant à avoir raison sur l'autre. On entendait de loin des « non, non... je t'assure », des « si tu le dis... » amusés. Tous se levèrent quand Claude et Lily s'approchèrent.

« Toujours aussi charmante ! » lança le père avec un coup d'œil à Claude. « Et vous toujours aussi séducteur ! », rétorqua-t-elle, ce qui fit rire les convives. Mamie cria

« À table » depuis la cuisine et tous s'installèrent. « Pierre n'est pas

regarder à gauche et à droite pour être sûre que personne ne remarque sa gêne… ou son plaisir. Claude l'artiste.

« Tu as vu la petite ? » Mamie reprenait du gratin, debout au-dessus du visage de Lily, les seins lourds la touchant presque. « Non, pas aujourd'hui. » Mamie remplit son assiette. « Parce que c'est Noël, Mamie. Il y avait la coupe de Noël. Claude a encore gagné !… et on se retrouvait pour souper alors… » Mamie s'assit. « Et alors ?… les bébés vivent le jour de Noël, non ?… » Silence gêné autour de la table. Claude : « Les infirmières ont affirmé qu'elle prenait bien. Tout se passe bien. » Il avait tapoté gentiment la cuisse de Lily sous la table. Rassurant. « Tant mieux » ponctua Juju et tous opinèrent. On se resservit, et de la viande et des pommes de terre. Mamie : « C'est quand même un miracle, cet enfant ! » Odette à son tour

« Il faudra la baptiser, non ?… vous y avez pensé ? » Pas encore, c'est trop tôt. Il faudrait attendre. Attendre quoi ? Le père : « On verra au printemps, mais on peut déjà en parler au père à l'église Saint-François. T'en penses quoi ? » Juju : « Allez, on sait même pas si la petite va… » Bruit de

services jetés dans l'assiette. Mamie toute rouge derrière ses fines lunettes qui commence à débarrasser la table. « On n'a pas fini, Mamie. Je me ressers volontiers. » Elle avait parlé un peu fort, se voulant déterminée sans l'être. Puis

« Elle va vivre la petite. On est tous les deux, Claude et moi, en bonne santé. » On boit. Ils ont presque tous levé le coude en même temps ; l'alcool resserre les liens. « Et pourquoi pas au Temple, en bas de la rue ? » Elle essayait. L'église Saint-François était située à peine 200m plus loin du logement de sa mère. Exclu qu'elle la croise. En plus, elle était protestante. Albert : « Ça sera à l'église. C'est tout. » Sa voix profonde résonnait pour la première fois depuis le début des échanges. Timbre bas, dernier mot en phase descendante : Point final.

chou… chou… chou… couleur rose sombre chou… chou…
Fracas, je perds le contact du chaud, on me soulève, me tourne. Épaule droite,

épaule gauche. Froid, froid. Je tremble tout entière. Même ces deux petites ficelles sur les côtés de mon corps s'agitent. En bas aussi cela bouge tout seul. On me tient. Froid, froid. Peur, peur. On me tient. On me touche. Peur quand même. Je couine.

Mamaaaaaaaaaaaan !!!!!!!!!!!!!!!! ho rhhhhh ho rhhhhh ho rhhhhh

LES FEMMES s'affairaient en cuisine entre évier et table. L'odeur du café à la chicorée. Mamie allait et venait, les petites soucoupes et tasses dans les mains. Des femmes silencieuses et rapides. Les hommes parlant fort, assis. Claude attirait toute l'attention. « J'ai réussi à obtenir un rendez-vous avec l'imprésario de Bob Azzam. » Regards étonnés. « L'orchestre est formé à présent. J'attends juste la confirmation de Pierre ; j'aimerais qu'il se joigne à nous. » Le père : « Ton frère viendrait ? » Claude se basculant contre le dossier de sa chaise « Il n'y a pas meilleur pianiste que lui à Genève. » Le café était servi et la grappa aussi. « Un imprésario ! Tu vises haut, tu vises loin !? » Les femmes se joignaient à présent à la discussion. « Je trouve que c'est une excellente idée » avait décrété Odette. « Genève est trop petite pour deux orchestres vedettes… il doit voyager. » Elle l'avait exprimé avec une pointe d'humour. L'orchestre d'Albert et de ses frères était apprécié de toute la génération dansante de la ville. Le père : « Alors, tu veux voyager ? » Claude, fier, café à la main. « Clair ! Je ne vais pas rester ici toute ma vie !… un imprésario peut m'amener des contacts partout en Europe et peut-être même au-delà. » Mamie regardant Lily « Et ta famille dans tout ça ?… » Lily avait baissé les yeux. Il ne lui avait encore jamais parlé de tels projets, de tels voyages. Elle le découvrait sur l'instant. Image de l'appartement sombre. Seule. Elle sourit malgré tout « Il faut bien se lancer, non ? »

1957 APRÈS NOËL

« Un arrêt respiratoire. » Elle avait ôté ses lunettes noires. Vite, trop vite peut-être, les rattrapant à la volée avant qu'elles ne tombent. Une légère nervosité. Et si la petite était morte pendant son absence, pendant qu'on fêtait Jésus dans sa crèche ? « Tout va bien à présent, nous l'avons stabilisée avec un respirateur. » L'infirmière emboîtait déjà le pas à Lily qui s'était engagée dans le couloir. « Nous sommes attentifs. C'est sa fragilité comme grande prématurée. » Lily prit conscience qu'elle n'osait pas ouvrir la porte de la minuscule pièce. Une brève hésitation qu'elle fut la seule à remarquer. Que pensait-elle trouver ?

L'endroit, comme à son habitude, restait calme si on faisait abstraction du ronronnement des machines. Regard par-dessus la vitre. La petite, uniquement enveloppée de son lange trop grand, reposait tranquille. Un pansement maintenait en place deux minuscules tuyaux dans ses narines. Elle s'attarda un instant sur les doigts puis sur les orteils ; les extrémités du chiffon de peau. Allait-elle un jour ressembler à un bébé ? « Bien. Tant mieux » s'empressa-t-elle de dire à l'infirmière en guise de remerciement. Pas un vrai soulagement. Comment le pourrait-elle ? L'enfant étendu n'était même pas encore un bébé. Espérer, vouloir, attendre, ce sont des verbes qu'on attribue aux parents des bébés viables.

Parfois malades, mais avec une espérance de vie. Que l'on ne parle donc plus de baptême ! Ou alors pour remettre à Dieu un enfant en sursis, au cas où les anges l'appelleraient d'un coup d'aile. Un seul coup d'aile suffirait pour la petite. L'infirmière referma doucement la porte derrière elle.

« Je passerai cette semaine. » Elle n'avait pas dit *demain*. Demain, rien n'aura changé. Elle remit ses lunettes sans attendre la réponse de la soignante. Il faisait froid.

ho rhhhhh ho rhhhhh ho rhhhhh CHOUHOUHOU ho rhhhhh ho rhhhhh ho rhhhhh CHOUHOUHOU

La couleur de mon monde ? Un rose foncé, un rose sombre. Je n'ai plus essayé d'ouvrir les paupières, cela me demande trop d'effort. Le moment reviendra. L'appel refera surface sous ma peau. Je me plais sous le voile rosé. De douces perles de jaune clair passent ou s'arrêtent un instant pour jouer.

Petit rictus qu'on nommera plus tard un sourire réflexe.

Miaulement de grande prématurée.

Un bref instant parmi vous... ho rhhhhh ho rhhhhh ho rhhhhh CHOUHOUHOU

Je plonge derrière le voile rose. Rose foncé. Rose sombre. Rose.

Doux. Doux. Doux.

1958

Les trois chemisiers jetés en vrac dans le cabas à fleurs, elle longeait la rue en direction de Chez Aeschlimann. Et si elle rencontrait sa mère ? Qui reconnaîtrait l'autre la première ? Après quatre ou cinq ans, est-ce possible de se saluer dans la rue ? Emma n'aura pas beaucoup changé – ou elle se trompait. Peut-être un peu forcie. Les femmes qui prennent de l'âge stockent celui-ci dans le ventre, le boudin des bras et des jambes. Pour mieux s'en servir en cas de guerre d'usure. Quant à elle, elle ne saurait le dire. Elle n'était plus la même qu'il y a quatre ans, plus la même que cet été, plus la même depuis la naissance ratée. Elle longe les murs. Est-ce qu'Ariane aurait pu annoncer à Emma la venue de la petite lors de sa visite annuelle ? Il faudra qu'elle lui demande. Que lui dirait-elle d'autre si elles se croisaient ? En fait, rien. Elle ne veut plus la voir.

Elle longeait donc les murs d'une démarche rapide, le bonnet de laine enfoncé jusqu'aux oreilles, les lunettes de soleil stabilisées sur son nez fin. « Tu te maquilles pas ? » avait demandé Madeline. Un discret rouge à lèvres, une coupe de cheveux courts, un trait léger pour souligner les yeux. Madeline adorait fouiner dans les grands magasins, ses jours de congé. Si Madeline était une reine, alors la Pharmacie Principale était son royaume.

L'établissement côtoyait les magasins des Épis d'Or, le long de la rue de la Corraterie, au centre-ville. À peine entrés, les acheteurs étaient projetés dans un monde de lumières, d'éclats de couleur et de senteurs. La Pharmacie en tant que telle était à l'étage, mais c'était la parfumerie au rez-de-chaussée qui captait l'attention de ses nombreuses clientes fidèles. De petits étals en petits étals, tous plus beaux les uns que les autres, les deux amies vagabondaient, s'extasiaient. Ici en essayant un rouge à lèvres, là plongeant le nez dans les talcs odorants. Madeline avait remonté ses cheveux en un chignon retenu par des sicstus et un filet quasi indétectable sur ses cheveux blonds. Son maquillage lui donnait quelques années de plus et elle rivalisait de beauté avec les vendeuses du magasin. Celles-ci, impeccables, souriantes, étaient la vitrine vivante de leurs produits. Elles déambulaient ainsi au moins une heure à chacune de leurs visites, cherchant les nouveautés, s'imaginant acheter ces soins hors de prix. Ce qu'elles préféraient ? Se faire asperger délicatement le cou avec un parfum dont les flacons ciselés rivalisaient d'éclat. Ils se terminaient tous par une pompe à pompon coloré. Elles fermaient les yeux et se reniflaient ensuite, émettant des commentaires comme le feraient des œnologues. Une, deux, trois giclées de parfums haut de gamme... et jamais les mêmes. Elles ressortaient de la parfumerie étourdies tant par leurs rêves que par les odeurs dont elles humaient encore les effluves, ici au poignet, là sur la manche ou sur l'écharpe. Durant des jours, leurs manteaux faisaient office de parfum d'ambiance dans l'entrée de leurs appartements. Ici on vend du rêve, disait une affiche publicitaire. Nul doute. Quand elles avaient de la chance, une vendeuse leur

offrait une miniature de l'un de ces magnifiques flacons ; un échantillon. Madeline en retirait une minuscule goutte le samedi pour aller danser. Lily, elle, offrait ces minuscules bouteilles à Ariane lors de ses visites. Ariane vivait sans Walter à présent dans la pension aux grands sapins. Plus âgé, il avait débuté son apprentissage de couvreur, dans un foyer pour apprentis. Ici on vend du rêve. Ariane avait droit au sien.

1955

Madeline ne vivait pas encore en couple, mais dans une petite chambre de bonne au 6e étage d'un immeuble cossu de Champel. La première fois que Lily lui avait rendu visite, elle avait été très impressionnée. La porte d'entrée ne s'ouvrait qu'après avoir appuyé sur le bouton de l'appartement et avoir donné son nom. Puis, son amie l'avait fait attendre dans le hall boisé où l'on devinait de larges marches de marbre montant aux étages. De là, l'ascenseur aux portes latérales métalliques sculptées les emmenait jusqu'au 5e. Elles continuaient à pied vers le niveau du personnel. Le couloir en U était flanqué de portes. Derrière l'une d'elles se trouvaient la douche et les WC communs. Madeline vivait dans une chambrette qui comprenait un lit, une étagère, une armoire et un petit lavabo à eau froide avec son miroir au-dessus. Lily se dit que cela ressemblait à l'orphelinat, sauf qu'elle avait l'espace que pour elle. Elle y reconnut quelques photos, des livres et la peluche préférée de Madeline. Elles se laissèrent tomber sur le lit. Regardant le plafond « Ils sont sympas avec toi tes patrons ? » Madeline acquiesça. « Ce sont de riches Iraniens. Ils ne vivent pas toujours ici. Ils ont aussi un chalet au Valais et Monsieur voyage beaucoup. Je dois tenir l'appartement propre, m'occuper du linge, des plantes. Quand ils sont là, je cuisine, je sers, je lave. Ce que je sais bien faire, tu sais ! » Elle savait. Le nettoyage, le linge, la cuisine, les bonnes manières, sourire, se faire apprécier. Les filles sortant de l'orphelinat étaient de vraies perles ; on les

recherchait. L'adresse était connue des régies de la place et leurs noms circulaient dans les salons où ces dames se les échangeaient. « Et Marcel ? » Madeline se leva pour ôter son manteau. « Il finit son service militaire et après on se marie. » Elle était encore plus impressionnée : son amie de toujours, déjà fiancée ! Elle s'assit sur le bord du lit.

« Vous allez vivre où ? Tu l'as annoncé à tes patrons ?... – C'est encore vague. Genève, c'est cher. Peut-être qu'on ira au Valais et que... – Tu ne vas pas me laisser seule ! ? » Le Valais, le bout du monde. Le ventre de Lily se contracta, elle se mordit les lèvres. Madeline « ... ce n'est pas encore fait... on ira peut-être d'abord vivre chez ses parents... ? »

Elle avait la clé de l'appartement, actuellement sans occupants. Les deux jeunes femmes pénétrèrent à petits pas comptés. Lily s'extasiait en silence sur la décoration, la grandeur et le nombre de pièces, la qualité des tissus, l'épaisseur des tapis. Madeline avait une vraie cuisine à sa disposition, avec tous les accessoires modernes. Et même un petit coin, près de la fenêtre avec table et chaise, pour y attendre les demandes de ses patrons. La vue s'étalait au-delà des grands arbres centenaires vers le jet d'eau que l'on discernait au loin. Un jour, se dit-elle. Un jour, j'aurai aussi un chez-moi. Et elle repensa aux petits cadres brodés qui ornaient les murs de l'orphelinat près de son lit. Elle les prendra, c'est sûr, et elle en brodera d'autres, plus grands encore. Pourquoi pas des panneaux entiers pour habiller son appartement ? Leur appartement. Un jour elle se mariera.

1958

*ho rhhhhh ho rhhhhh ho rhhhhh CHOUHOUHOU Je n'y crois pas encore.
J'ai un corps. L'instant s'est modifié.
D'abord j'ai eu très peur et froid. Je me suis sentie secouée. L'alarme a retenti.
Non pas dehors... les bruits je n'y fais plus trop attention... mais dans le centre
de mon ho rhhhhh à moi. Épaules, ventre, plus de lit, épaules, pieds. Pieds !
Une peau toute chaude m'a recouvert les pieds puis le long de moi. Épaule
gauche, épaule droite, bousculade.*

CHOUHOUHOUHOU... J'ai froncé le nez libéré.

*La peau chaude a continué de m'envahir les sens. C'est devenu encore plus
chaud. Tellement bon. Imperceptiblement j'ai bougé le bout de mes ficelles et
j'ai touché du doux du chaud. Tiens donc, comme aux pieds !
Un peu, j'essaie encore. Ouiiii j'avais des pieds en bas et des
pieds de côté. J'ai trouvé mon corps.*

*Si je tends un peu mes extrémités je touche du tissu chaud. Si je bascule
doucement mon ventre, aussi. Je me relâche sur le lit. Je ne sens plus sa texture
mais qu'importe ! Le tissu est*

tout contre moi, partout.
Orhh Orhh Orhh... ma vie a changé de bruit. C'est étrange.
Le bruit vient de dessous le tissu. De moi ? Une odeur émane de la peau de
dessus.
Orhh Orhh Orhh il y eut un instant d'APRÈS.

Le travail à la blanchisserie battait son plein. Patricia l'accueillit avec sa bonne humeur coutumière. « Voilà une revenante !... et en forme, en plus ! » Lily lui tendit le sac avec les chemisiers. Elle les sortit. «Bon, ceux-là, ils sont un peu moins en forme, on va s'en occuper ! » Puis lui montrant l'arrière du magasin, derrière le comptoir. « Va te préparer, on ne manque pas de boulot !... » Et encore « Super que tu sois là ! »

Dans l'arrière-salle, elle se déshabilla. En seuls sous-vêtements, elle enfila la blouse rose clair pendue à un cintre. Il faisait bien trop chaud, près des machines, pour rester habillée. Et plus, à cause des conditions d'hygiène, elle avait l'obligation d'en changer chaque jour. M. Aeschlimann était strict sur le règlement. Au moins, du fond de la boutique, elle ne voyait pas la clientèle. Elle ne pourrait pas apercevoir sa mère à travers la vitrine qui donnait sur la rue. Quel sentiment l'habitait ? La honte ? Le dégoût qui se meut en indifférence ? Le rejet qui protège de tout. Sa mère ne devrait pas avoir existé.

Les premiers temps où elle travaillait à la blanchisserie, ce qui l'avait un peu oppressée, c'était le bruit incessant des lave-linge. Les plus grandes pièces, les plus délicates et les complets deux ou trois pièces revenaient de l'usine ; il suffisait de les étiqueter pour la clientèle. Par contre, le petit linge de maison, les robes et les jupes simples sans incrustation se lavaient et se repassaient en boutique. Elle s'était habituée, trouvant un certain rythme à ses gestes et à ses pensées. À l'orphelinat elle appréciait être *bien sur elle*, revenait plusieurs fois sur les plis des jupes et les cols des

robes ; ce gagne-pain lui était donc familier. Elle œuvrait seule au repassage ; pas besoin de parler, juste rester bien attentive. La clochette de l'entrée du magasin sonnait tout au long de la journée. Le rire de Patricia lui parvenait, accrochant des bouts de temps à son cadran intérieur. Il lui arrivait de chantonner, l'harmonium dans sa tête lui offrant le support de ses harmonies.

CHCHCHCHCH… faisait la vapeur à chaque mouvement du fer.

« Alors, comme ça, tu n'as pas été la voir, hein !!!? » Mamie parlait fort dans le combiné. Elle piétina sur place, se dégageant un peu de l'appareil pour vérifier si Claude était encore au salon. « J'ai recommencé à travailler, Mamie. » Un court instant de pause. « Toute la journée ?... tous les jours ?... » Non, bien sûr, elle aurait pu se libérer. Pour s'expliquer : « Elle prend des forces, très lentement. Je ne sais pas si cela change quelque chose un jour sans visite. » Inexcusable. « C'est QUAND MÊME ta fille ! » Puis « Pour toi, peut-être pas, mais pour elle ?! Tu as pensé à ELLE ? » Elle se redressa et changea le combiné d'oreille. « Mamie, sérieusement, je ne SAIS pas ce qu'elle vit, ce qu'elle sent. Elle est bien suivie par l'équipe de la maternité. » Soupir de l'autre côté du fil. « Bon… si tu n'y vas pas demain, je pourrai peut-être… » Piétinement agacé. « D'accord, je vais voir aussi si Claude peut passer et on fait un tournus. Tu vois ?... » Oui, elle voyait. L'impuissance, et la vie qui suit son cours, malgré tout, parce que le rythme de la petite n'était pas celui de *leur* quotidien, du quotidien, de la vie-tout-court.

Claude, laçant ses chaussures « Elle voulait quoi ? Vous vous êtes fâchées ?... – Un peu. C'est pour la petite. Les visites à la maternité. – J'irai peut-être ce week-end. Là j'ai trop. » Debout, prêt à partir. « Pierre a accepté de jouer dans l'orchestre. Nous allons répéter tous les soirs ces prochaines semaines. Notre premier engagement est début mars, au Ba-ta-clan. Si ça marche, si Katchurian est satisfait, cela va décoller ! » Elle se sentait vraiment heureuse pour lui, fière de son talent, de ses initiatives, de sa volonté. Son lion. Il décrocha son paletot de la patère murale, le plaça sur son bras pour l'enlacer de l'autre. L'embrassa. « Peut-être que tu pourras y aller la semaine prochaine, une fois ?... » Sûrement. Il lui faut juste des jours *sans*. Sans visite à la maternité. Sans être mère ou pour faire semblant de l'être. Quelques jours pour revenir à elle. Elle d'avant. Dans un mois elle aura 21 ans.

Elle, buvant son thé debout à la cuisine « Mamie exagère toujours un peu. On ne meurt quand même pas de ne pas avoir de visite !... » Mais de qui parlait-elle ?

Orhh Orhh Orhh ... dans l'instant d'après, il y a Sans-Moi et Avec-Moi Avec-Moi c'est quand vient la Présence.

Depuis que je suis constituée d'une deuxième peau toute chaude, la Présence me touche partout. Au-dessus c'est tout rond. Vers mon Orhh Orhh ses doigts vont ici et là jusqu'à mon ventre. Rond avec une petite crispation qui me secoue

les pieds. Pffff... tournée.
Il y a un arrière qui se soulève du tissu d'en bas. Je miaule de plaisir jusqu'aux fesses.
Puis Hop... de retour, la boule ronde dans sa main et de l'autre les cuisses, les chevilles, les pieds. Oupsss... cela me secoue. Tissu chaud. Odeur plus forte de papillons.
Les papillons ont un parfum, je l'ai découvert dans un souvenir du temps Sans-Moi.
Tissu d'en bas. Boule ronde sur le tissu. Mes doigts sur la Présence. J'ai ARRÊTÉ la Présence ! Moment suspendu OrhhOrhhOrhhOrhh
Mes doigts se sont fermés sur la Présence. Je lâche. Je refais. Elle reste. Elle RESTE ! OrhhOrhhOrhhOrhh
Une ondulation passe entre mes doigts, la forme que je tiens et mon Orhh Orhh qui bat vite. Je lâche...
Le monde n'est plus pareil. Avec-Moi peut retenir le temps.
Décider de retenir la Présence. C'est nouveau. C'est bon.
Voilà que je sens venir Sans-Moi... Orhh Orhh Orhh

1956

« Je t'assure », avait justement assuré Madeline, « c'est pas du tout, du tout ringard ! » Le Palladium était le lieu branché du samedi soir. Pour s'y rendre, on longeait le Rhône du centre vers la périphérie de la Jonction. Cela faisait des petites grappes de rires ; jeunes et moins jeunes se pressant pour aller danser. Quelques couples s'étaient déjà formés, mais le plus souvent on observait des groupes de filles ou de garçons, les unes gloussant entre elles, les autres se poussant du coude, fumant et parlant fort. Des scooters, des motos arrivaient de tous côtés, chevauchées métalliques et tonitruantes. Ils longeaient le trottoir, freinant à l'approche des filles pour échanger quelques mots, des sifflements admiratifs et accélérer fièrement. D'autres venaient de plus loin, de Carouge ou des villages.

Passé la grande entrée flanquée d'un paillasson XXL et de deux cabines de garde-robes où elles laissèrent leurs manteaux, elles se retrouvèrent dans le fond de la salle. De part et d'autre d'une piste de danse bondée, Lily chercha une place parmi les tables rondes rangées sur les côtés. Madeline, Marcel et elles trouvèrent des chaises disponibles à une table occupée. On pouvait boire au bar à l'étage ou se faire servir. Un peu étourdie par le monde et l'ambiance festive, Lily mit du temps à cerner l'entièreté de l'endroit. Les tentures de velours rouge, les chaises au rembourrage de similicuir assorties, la scène en hauteur. Le quintet était composé d'un bandonéoniste, d'un guitariste, d'un batteur et d'un souffleur. Amplifiés par les micros, les morceaux se succédaient, énergiques ou sensuels. Elle ne sentait pas de danser seule, alors que Madeline et Marcel s'élançaient sur la piste. La voix d'un chanteur se fit entendre, alternée par la même mélodie interprétée au violon : un jeune homme s'était placé sur le devant de la scène. Entre deux couplets, il parlait avec aisance aux danseurs à qui il demandait leurs préférences. Elle reconnaissait les chansons qu'il proposait et s'amusait des remarques complices du public. La musique s'enchaînait entre chants et instrumentaux ; valses, tangos, paso doble, des chansons françaises réorchestrées... Elle fut invitée par quelques jeunes hommes. L'ambiance s'échauffait alors que les couples s'échangeaient et que l'alcool coulait dans les verres. Lorsque le premier cha-cha-cha résonna, le jeune chanteur se plaça devant les danseurs et leur expliqua les pas, suivi par toute l'assemblée. Danseurs et danseuses s'alignaient puis se faisaient face en alternance. L'orchestre s'arrêtait, reprenait : un moment d'amusement pour toute la salle.

« Je peux vous inviter à danser ? » Le chanteur se tenait devant elle, une main tendue. Il l'attira doucement sur la piste. Elle suivait ses pas, un peu maladroitement d'abord, puis elle se détendit. Il bougeait avec aisance tout en parlant « L'orchestre, c'est mon père et mes oncles... » Pe-tit pas, gauche et pe-tit pas, droite. Entraînée par le bout de ses doigts, elle tournait sur elle-même. « J'adore la musique cubaine et vous ?... – Je ne connaissais pas... » Face à face.

« Un jour, j'aurai mon orchestre. Je joue aussi des congas...

– Je vous ai entendu au violon... – Violon, saxophone, congas, voix... je vis pour la musique !... » Puis « C'est de famille. » À peine quelques pas plus tard, elle se sentait à l'aise. Lorsque le morceau se termina, il lui fit une courte révérence amusée avant de la raccompagner à sa table. L'orchestre entonnait *Que sera sera*. « Je file... c'est à moi !... j'espère vous revoir la semaine prochaine ?! » Peut-être se dit-elle avant de le voir reprendre son micro. Elle revint avec Madeline et Marcel. Elle y retourna sans Madeline et Marcel. Lui, c'était Claude.

1958... PLUS TARD

Elle ne ressemblait toujours pas à un bébé. « Votre belle-mère est passée cette semaine. » C'en était presque ridicule. Entortillée dans une brassière bien trop grande pour elle, moufles flottantes aux mains et chaussons disproportionnés aux pieds, la petite dormait. Elle dormait toujours. Elle pouvait rester des minutes à l'observer par-dessus la vitre, rien ne se passait. Alors pourquoi venir ? « Elle prend des forces. Elle serre les doigts, c'est un très bon signe. » Les doigts de qui ? se demandait-elle. Elle n'avait pas le droit de la toucher. Personne d'autre que le personnel soignant ne pouvait accéder à la petite, et ce, seulement par les deux orifices latéraux de la couveuse. La petite chose-bébé n'avait ni consistance ni odeur. « Tant mieux, tant mieux » s'entendit-elle affirmer. Que pouvait-elle donc dire d'autre ? Le mieux, c'était bien ce qu'elle lui souhaitait et ce qu'elle se souhaitait à elle-même. Parce que là, en ce moment, les journées étaient longues, sombres, froides et Claude ? Elle ne le croisait que rarement. « Tant mieux... » dit-elle encore à l'adresse de l'infirmière qui la raccompagnait. Elle repasserait dans la semaine. De semaine en semaine, une fois, elle verrait bien une différence : un mieux. Pour la petite et pour elle.

Claude travaillait de jour chez un huissier et le soir dans le garage chauffé de son oncle où il répétait son répertoire, résolument moderne, gentiment rockeur et... cubain. Le lieu de répétition était situé au fond de la carrosserie familiale en périphérie de Genève, vers Cointrin. Vaguement magouilleur, petit truand pas aventureux mais discipliné, l'oncle possédait une entreprise d'achats et de reventes de voitures, où se pressaient les Suisses d'origine italienne. À la fin du siècle précédent, son père avait voyagé de Toscane pour se rendre en Suisse. Il avait emmené avec lui, en plus de sa femme, la recette des Gelati qu'il vendra à Remor, l'un des restaurants les plus en vue de la ville. La famille s'était vite agrandie autour de Philomène, chanteuse et guitariste à ses heures. Que l'un de ses enfants soit dans la peine et elle se mettait à chanter pour consoler la fratrie. Ainsi les fils devinrent tous peintre et musicien, carrossier et musicien, carreleur et musicien. Et les petits-fils... musiciens tout court, s'émancipant tout en affirmant qu'ils pourraient – eux – vivre de leur musique. Ce qu'ils firent.

La première de l'orchestre Grasselli's, la formation de Claude, eut lieu au night-club de la Corraterie, le Ba-ta-clan. En journée, elle s'y était rendue et c'était bien suffisant. Elle se faisait une vague idée de l'ambiance qui pourrait y régner, le soir venu, entre bar à champagne, filles professionnelles et gent masculine majoritairement représentée. Un lourd rideau noir séparait l'entrée de la salle. Les chaises étaient encore sur les tables, une odeur de fumée froide et stagnante se dégageait des nappes et des tentures. Les musiciens s'affairaient sur la courte scène, à déballer instruments et branchements électriques. Pierre déplaçait le piano, Claude, les pieds de micro, le support du saxophone et ceux des congas occupant le devant de la scène. « Une deux... une

deux... » Essais de micro. Elle s'était assise au fond, près du bar, restant habillée, sur le départ. « Un jour tu verras / on se rencontrera / quelque part, n'importe où / guidés par le hasard... » Sa voix, seule, pour s'essayer, suivie de quelques accords au piano. Lorsque Claude chantait, le monde se raccourcissait dans le halo de lumière qui les enveloppait, elle et lui. Il chantait pour elle, il ne chantait que pour elle. D'un timide sourire elle le remerciait, il penchait alors la tête et tout était dit. Quand la musique parle...

Le soir venu, elle écoutait la radio, le choix musical, mais aussi les policiers radiophoniques : *Énigmes et aventures*. Bien calée dans le canapé, elle s'imaginait le criminel avançant dans les feuilles mortes, le futur mort qui ouvre la porte, le crime à élucider. Elle ne loupait aucune de ces émissions hebdomadaires. Bien qu'elle aimât lire, c'était bien plaisant de se faire raconter des histoires.

Elle avait repeint elle-même le berceau de seconde-main qu'ils avaient déniché. Elle s'était enfin décidée à acheter quelques pyjamas qu'elle imaginait encore bien trop grands.

« Deux mois encore, peut-être trois » avait estimé le pédiatre de la maternité. Fallait-il penser *été* ? Comment serait la météo extérieure pour cette petite enfermée depuis des semaines dans une boîte vitrée ? Aucune idée. Elle ne pouvait pas se projeter. Elle acheta deux pyjamas, un lot de langes en tissu et attendit.

JourOrhh Orhh Orhh NuitCHOUHOUHOU HOU HOU HOU

Quand je suis Avec-Moi et la Présence j'ouvre les yeux. C'est nouveau mais cela m'a appelé très fort. Je ne distingue encore que les perles jaunes qui se sont décollées de l'intérieur de mes paupières pour se placer devant, en haut, de côté. Je les suis.

J'aime ça.
Quand la Présence me touche, je me trémousse et je miaule. Je m'entends plus fort. Avec-Moi a fait une grimace, ce qui m'a fait bouger la langue. La Présence m'a pris le doigt. J'ai serré. La Présence m'a touché les lèvres et ma grimace s'est mise à bouger toute seule. La Présence a miaulé aussi. Mon ventre a réagi et je me suis entendue miauler à nouveau. Tout cela fait tellement de bruit que je n'entends presque plus le Orhh de mon cœur.
JourLe liquide est chaud, pas trop. Cela entre dans la grimace et cela fait chaud partout. J'en veux encore. Je demande encore. Cela dure et plus rien d'autre ne compte. J'ai plus besoin de garder les yeux ouverts. Je peux être Sans-Moi et me sentir bien.

NuitCHOUHOUHOU HOU HOU HOU

La couleur devient rose sombre mais j'ai moins peur.

La blanchisserie, les courses, le repas, Claude affairé, préoccupé, en vadrouille dans sa tête, dans ses projets. Claude a toujours un projet d'avance. Katchurian va lui proposer un contrat. C'est une étape importante. Il doit se décider à quitter son travail sinon il ne pourra jamais s'investir suffisamment dans la musique et devenir professionnel. Sa mère l'a dissuadé : trop risqué, avec la famille dont il est responsable. Son père l'a encouragé : faut risquer sinon après on regrette. Pierre, lui, se sent prêt ; voyager ne lui fait pas peur. Claude est entreprenant, se dit Lily, et entrepreneur. Preuve en est qu'il a reçu l'avance financière de son oncle pour l'achat d'une voiture. Elle pense à l'harmonium dans le coin du salon de l'orphelinat. Dans le monde d'avant. Elle se sent réconfortée d'être sa femme. Quand ils se rendent chez des amis, elle le tient fermement par le bras. Ils forment un couple. Claude aime la présenter ; cette femme gracieuse à la taille fine, au sourire mutin, c'est sa femme. Elle aime être vue par les yeux de ses amis. Surtout quand ils lui adressent une moue admirative et à Claude un clin d'œil complice. Il est envié. Elle aime expliquer « Mon mari est musicien. Il a son propre orchestre » quand on lui demande de ses nouvelles. Elle est enviée. Un artiste, comme c'est étonnant ! Cela doit être très excitant...

La pièce radiophonique, le lundi soir. Claude en répétition. Claude au night-club. Claude dort. Claude s'affaire. « Tu as été voir la petite cette semaine ?... » Le chiffon de peau a rosi, grossi. Lily a discerné le bleu de ses yeux, un court instant. De la couleur sans regard. Elle tète et ils ont ôté la sonde. Elle progresse. Le médecin est optimiste. Elle a téléphoné à Mamie pour lui annoncer ces bonnes nouvelles. Mamie le savait déjà.

1958 LE PRINTEMPS

Elle aurait pu choisir un autre moment pour être prête. Claude croule sous les mandats à terminer à son étude ; il a donné sa démission pour la fin du mois. Madeline vit maintenant au Valais. La poussette bleue a une roue qui grince d'un côté, mais tant pis, l'important c'est que la petite ait suffisamment chaud. « C'est le grand jour ! » avait affirmé une soignante, suivie du plus grand des sourires de l'infirmière-cheffe. Elle, encombrée derrière la grande poussette « Oui, on dirait. » Dans la pièce silencieuse, le couvercle de la couveuse est soulevé. La petite avait comblé le minuscule pyjama d'une peau toute rosée et duveteuse. Son visage aux yeux grand ouverts, attentifs, se ballottait au gré des mouvements de son corps. Bras et jambes gesticulant dans l'espace vidé de tuyaux et de sondes. Lily attendait un signal des infirmières, des expertes en bébés. Le devinant « Quand vous voulez... » Elle, se penchant, prenant la tête de la fillette dans une main, les fesses, les jambes, les pieds, tout dans l'autre, la souleva et fut surprise par sa légèreté. « Dieu qu'elle est petiote... » Sourires dans la pièce. Elle cala le bébé contre son manteau, côté cœur. Il fallait bouger à deux, au moins jusqu'à la poussette. Elle s'efforça de paraître sûre d'elle, mais elle ne leurrait personne.

Un grand prématuré dans les bras d'une jeune femme frêle de tout juste 21 ans ; leur rencontre allait être progressive. L'intérieur de la poussette ressembla à un hall de gare quand

elle la déposa au centre. Spontanément, elle replia les couvertures tout contre le petit corps qui grimaçait de surprise, prêt à pleurer. « Ça va aller, Madame ? » Il faudra bien. « Notre service pédiatrique vous attend chaque semaine ; voici les premiers rendez-vous » lui tendant une carte. « Il est important de bien suivre sa prise de poids, observer si elle développe des allergies. Restez bien attentive et venez nous voir plus souvent si nécessaire. » On ajoute un sac avec deux biberons aux labels différents, du lait en poudre spécial prématuré, offert gracieuse-ment par la maternité (donc les entreprises) et au revoir. La poussette grince. Elle se sent honteuse et perdue. Entre elle et ses mains sur la barre de la poussette, un vide. Un espace bien trop grand pour le combler d'un espoir de mère.

J'ai souri de mon plus beau sourire. Quand les bruits se sont tus autour de moi,
j'ai retenu mon
souffle.

LA PRÉSENCE *m'a doucement secouée et pour la première fois j'ai senti toute la présence de la Présence et pas seulement ses doigts. J'ai ouvert la bouche et les yeux à une autre bouche et*

à d'autres yeux.
C'est une drôle d'impression que ce contact. Une petite onde de chaleur vers le
Orhh Orhh que j'ai envie de renouveler.
Je souris, voilà que ça revient. Je regarde les billes dans le visage et ça revient.
Je vais le refaire et le refaire encore. J'aime. Je bouge tout ce qui me dépasse et
mon ventre avec.
Je suis Avec-Moi. Je crois que cela veut dire Je-suis-contente.

« Vous voulez que je vous aide ? » Roberto vivait sur le même étage. En salopette blanche, il ouvre ses grandes mains vers elle, empruntée entre sac, bébé et la poussette. Volontiers. « Attendez, prenez le bébé –

c'est le vôtre ? – et je m'occupe du reste. – Oui, c'est son premier jour à la maison. – Félicitations » dit l'homme en plaçant sous les deux bras les paquets et le sac entre menton et poitrine. Bébé-le-sien à présent se lâchait de tout son poids plume contre son épaule. Petit clin d'œil du voisin « C'est vrai qu'elle est mimi... » Comprenez : trop petite, fragile. Comprenez : je n'ai pas su la pondre dans les normes. Elle pinça les lèvres. Devant la porte de l'appartement, il attendit qu'elle ouvre avec sa clé et lui permette d'entrer. Elle lui montra la table où déposer les sacs. « En tout cas, n'hésitez pas à me demander..., montrant le couloir, si vous avez besoin d'un coup de main ! » Merci, c'est bien gentil. Bon sang, pourvu qu'elle arrive à se débrouiller seule. Roberto ferma doucement la porte d'entrée.

Elle restait plantée ne sachant pas s'il fallait la déposer au risque de la réveiller ou la tenir ainsi contre son épaule. Après quelques minutes interminables, elle essaya en vain de sortir le contenu des paquets d'une main, de faire glisser son manteau le long d'une épaule puis, le plus doucement possible, de bouger le poids plume sur l'autre épaule. Le manteau, lourd de laine, tomba au sol. Le ramasser était scabreux, le bébé-qui-était-le sien à présent serait trop bousculé et se réveillerait. Elle ne voulait pas qu'elle se réveille. Qu'en faire ensuite ? Le plus lentement possible, presque sans respirer, elle s'assit dans un coin du canapé sale-propre auquel elle avait ajouté un coussin. Propre, celui-là. Le dos

tendu, elle n'osait pas se pencher en arrière, de peur de... Elle n'allait quand même pas arrêter de vivre pour ce bébé ! D'un mouvement qu'elle souhaita le plus souple possible, elle leva ses fesses pour se recaler au fond et s'installer à demi couchée. Bébé duveteux n'avait pas bougé. À peine un grognement. Pour la première fois – à cet instant – après 90 jours et 90 nuits, elle entendit la respiration de son bébé, courte et régulière. Elle ferma les yeux et s'endormit.

Bien sûr qu'elle peut la voir. Bien sûr qu'elle se déplacera avec la poussette. Non, pas besoin de venir. Bien sûr que la petite va bien. Non, elle ne s'est pas réveillée la nuit, elle dort bien. Bien sûr qu'elle mange. Les biberons semblent lui convenir. Non, elle n'a pas de coliques. Bien sûr qu'elle avait averti la blanchisserie qu'elle serait absente durant ces prochaines semaines. Non, Claude n'avait pas appelé, il est à Hambourg. Bien sûr qu'elle irait aux rendez-vous du pédiatre. Non, elle n'avait pas de réserve de lait. Elle passera à la pharmacie. Oui, elle le fera sans autre. Quand ? Demain dans la journée. Elle ne sait pas exactement quand ; c'est la petite qui décide. Elle viendra lorsqu'elle aura mangé. D'accord, vous pouvez acheter des langes de rechange. Des biberons ? Non, ce n'est pas nécessaire. Nous n'allons rester qu'une heure, à peine. Bien... à demain. Mamie raccrocha.

Elle préféra marcher pour sentir les nouvelles senteurs du printemps qui se profilait. Le tramway avec la poussette, ce n'était pas facile. Traverser par les rues adjacentes pour arriver aux Bastions. Ralentir en traversant le parc. Allait-elle se poser sur l'un des bancs qui longeaient le mur des Réformateurs ? Mamie s'impatienterait. Peut-être au retour... Le Conservatoire, le Temple et l'immeuble en vue, au bout de la Plaine de Plainpalais. « Comme elle est mimi ! » s'exclama Mamie lorsqu'elle lui ouvrit. Emmitouflée dans une couverture en patchwork, la Mimi en question se contorsionnait pour prendre l'air au-dessus du plaid.

« Je peux ?... » Elle s'en saisit sans attendre la réponse. Elle la suivit. Une petite odeur persistante de mazout près de l'entrée. Déjà Mamie trottait vers un canapé sur lequel elle coucha Mimi-déjà-plus-mon-bébé qui gigotait. Lily mit sa veste sur la patère du vestibule, y accrocha la couverture.

« Je passe aux WC... » Quand elle était revenue, la petite Mimi aux yeux bleus avait été changée ; le lange sale sur la table basse. « C'est pour cette raison qu'elle n'était pas à l'aise » expliqua Mamie. Un thé ? Volontiers. La petite, calée entre deux coussins, elles burent l'une un thé l'autre sa chicorée, papotant de tout et de rien. Le tout s'appelait Claude et sa décision de quitter un métier pour une vie de saltimbanque – le rien c'était elle et ce qu'elle faisait de ses journées avec la petite. Elle essayait de prendre un rythme, de s'intéresser à ces moments si courts où la petite émergeait de son sommeil. « Un bébé dort beaucoup, c'est normal, rassurait Mamie, une grande prématurée, encore plus... » Mamie s'y connaissait en bébés. En plus des siens devenus des hommes à présent, elle avait soutenu l'une de ses sœurs venue terminer une grossesse non désirée en Suisse romande. Mamie avait subi plusieurs fausses couches et même souhaité avorter lors de sa dernière grossesse. Elle avait dû se justifier auprès de plusieurs médecins, les premiers ayant refusé sa justification de divorce imminent et de quarantaine avancée pour accepter l'intervention médicale. Elle s'était battue, arguant de recourir à la clandestinité et avait finalement trouvé un médecin complaisant, ce qui était rare.

Passé la moitié de l'après-midi, l'air devenait plus frais. Refaisant le chemin en sens inverse, Lily n'eut plus l'envie de s'arrêter au milieu du parc. De plus, la petite-qui-était-décidément-mimi, s'agitait pour réclamer à manger. Alors, cela ressemble à cela, une vie de mère ? Attendre sur le qui-vive puis se mobiliser dans l'urgence pour répondre aux besoins d'un bébé ?!

Mon monde est rempli d'odeurs que je ne distingue encore pas toutes.

Un parfum dans l'air lorsque cela tournoie autour de moi. Un parfum qui revient souvent. Peut-être celui de la nouvelle Présence ?

L'odeur des papillons a disparu. Je les regrette, mais bon... je grandis.

Il me semble avoir ma propre odeur, mais je n'en suis pas sûre. Des fois c'est désagréable. Je ne veux pas sentir-désagréable. Cela me colle aux fesses et même si je bouge, cela reste collé. Désagréable.

JE LE LUI DIS, *à ma manière. Je me suis mise à m'exprimer ; je module entre agréable et désagréable. Elle sait faire la différence. Quand je m'exprime désagréable – et j'insiste parfois – elle s'occupe de moi et m'ôte le collant des fesses.*

Elle me donne aussi à téter ce bout de plastique. Heureusement que le liquide est bon et chaud.

Bref, on commence à communiquer.

Quand c'est agréable, je miaule moins longtemps. Cela n'a aucun effet ; rien ne se passe de particulier. Elle ne vient pas. Le parfum non plus. Alors, je plonge dans le Sans-Moi, toujours aussi accueillant.

Depuis le moment d'avant, mon corps se secoue sans que je le veuille et j'ouvre grand la bouche pour faire un bruit bizarre, trop fort à mon goût. C'est nouveau. Et voilà que cela me reprend...

Claude s'est réveillé dans un sursaut « Tu entends la petite ?... »

Rhoooo RRRRRRRho RRRRRho zzzzzzzzzzzzzzzzzzzzzzzzz zzzzzzzzz

LA SECOUANT ET à nouveau « Tu entends ?... »

Rhoooo RRRRRRRho RRRRRho zzzzzzzzzzzzzzzzzzzzzzzzzzzzzzzzzzz Sans-moi est devenu méchant ! Quand je m'approche, il me secoue.

RHOOOO   RRRRRRRHO   RRRRRHO
zzzzzzzzzzzzzzzzzzzzzzzzzzzzzzzzzzzzzzzz

KKK kkkk KKK kk

Il a bondi hors du lit, elle encore dans son sommeil. « Elle ne va pas bien !... »

Méchant, tu es méchant ! KKK kkkk KKK kkk Tu me fais
pleurer. zzzzzzzzzzzzzzzzzzzzzzzzzzzzzzzzzzzzzzz
Depuis peu la Présence s'est dédoublée ; l'une a son parfum l'autre une voix qui
me chatouille agréablement le bas de ma
nuque. C'est la voix qui me prend tout contre elle. Je suis toute secouée puis je
pleure.

« ELLE A DE LA FIÈVRE. M… ! » Il la repose, agitée par une toux rauque. Déjà, il s'habille. « Dépêche… occupe-toi d'elle, je vais chercher la voiture. On se retrouve en bas. » Elle entend gémir et tousser la petite. Claude a déjà claqué la porte d'entrée.

Sans-Voix est méchant, méchant ! Mon corps n'arrive plus à toucher le dessus
du lit. Méchant !
Je suis toute chaude et crispée. Sans-Voix me rejette. Je peux plus fermer mes
yeux, ni mes oreilles, ni mon nez.
Présence-Parfum me soulève et je m'échappe presque de ses mains, tant qu'
KKK kkkk KKK kkk est fort.
Je respire à peine.

Mon Orhh Orhh est tout bizarre ; il est là puis plus.
Présence-Parfum me secoue légèrement à son tour, puis plus
violemment.
Elle court dans l'escalier. Le moteur de la voiture ronronne
déjà sur le bord du trottoir sombre.
Je n'arrive plus à penser. Je suis bousculée. Doigts, ventre, épaules, doigts,
froid, chaud, mal, ventre secoué, douleur lorsque Orhh Orhh ne bat pas, doigts
froids, ventre, chaud,
pleurs, j'ai peur, pleurs !

ILS SONT côte à côte dans le couloir illuminé au néon. La petite s'est enfin endormie. Elle a un petit lit, loin des autres. La coqueluche. « Elle est fragilisée. Nous devons bien la surveiller. Revenez dans la journée. » Le trajet de retour, sans paroles. Elle a aéré grand tout l'appartement, sorti les draps de la petite en une boule sur le sol. Le jour se lève. Claude se boit un café ; il est trop tard pour se recoucher. Dans quelques jours, il part pour l'Allemagne. « J'espère que la petite ira mieux. » Elle hausse les épaules, incrédule. Qui croire ? La vie semblait prendre un cours normal, comme pour les autres mères : attendre et réagir, attendre et réagir. Regard vers le coin au lit vide. Il faut tout recommencer. Elle se sent lasse et inutile. Claude parle de ce qui l'attend : durant trois mois, ils vont jouer dans plusieurs villes, par tranches de deux semaines. Les orchestres font des rotations pour ne pas lasser le public. Si leurs prestations plaisent, ils pourront peu à peu trouver des contrats de trois voire de quatre semaines dans un même dancing, ce qui sera plus confortable. Après ces trois mois, il reviendra pour un mois complet... Il insiste sur COMPLET... à Genève, avec un contrat au Ba-ta-clan. C'est ce qui l'attend, bien joyeusement. C'est ce qui l'attend, elle. Avec la petite ? Sans la petite ? Elle ferme les fenêtres. Elle se promet de se remettre plus sérieusement à la broderie.

1958 L'ÉTÉ

Nous avons tous des noms. J'ai reçu le mien que je
reconnais : Marianne.

La Présence-Parfum s'appelle Maman. C'est un mot qui me disait vaguement quelque chose. Il lui va bien. En tout cas, quand je dis Maman, elle tourne la tête vers moi et ses yeux

s'ouvrent grand, curieux.
Je me déplace partout. Tous les jours on part en voyage. La voyageuse a une capote bleue qui s'ouvre ou se referme au-dessus de ma tête. Par-delà je découvre le monde.
Je n'aime pas trop les guiliguilis et les « mimi » qu'on me lance par-dessus la voyageuse. Je souris quand même.
« Comme elle est mignonne ! Toute ronde et souriante avec ça !... » C'est vrai que j'ai bonne mine à sortir tous les jours avec Maman.
Mon Orhh Orhh vit sa vie de son côté. J'en arrive à l'oublier. J'ai tant de choses à découvrir et d'abord moi.
Sur le drap dans l'herbe où Maman se prélasse ou dans le parc installé au centre du salon, je me découvre. Je babille,

je chante à mes pieds, à mes mains.
Quand nous rentrons, j'essaie d'attraper les rayons de soleil qui traversent la
pièce. Peine perdue. Maman est là,
je l'entends.

De temps en temps je l'appelle pour être sûre. Elle s'approche, mais je fais mine
de m'intéresser à mes doigts que je fourre dans ma bouche. Elle repart et je
souris. Son ombre
parfumée flotte encore près de moi.

« VOUS ÊTES BIEN JOLIE AUJOURD'HUI ! » Il lui tient la porte.

« Enfin, vous êtes toujours jolie... – Merci. » Roberto l'aide à porter le sac de commissions, alors qu'elle tient la petite sur sa hanche gauche. Elle le croise presque tous les jours, à se demander s'il fait exprès. Ou alors, elle est devenue routinière entre le ménage, la lessive, la sortie au bord du lac et le retour à l'appartement. Patricia, de la blanchisserie, lui a prêté sa machine à coudre Singer. Elle s'est cousu une robe vert pâle, aux larges bretelles, évasée depuis la taille. Machinalement, elle passe une main sur son ventre pour en lisser les plis. Quel charmeur ! Elle a repris assidûment la broderie. Le canapé s'est assorti de plusieurs coussins aux couleurs vives. Deux grands tableaux aux points de croix décorent, l'un le grand mur vide du salon, l'autre le couloir. On peut y voir des motifs floraux ; coquelicots dans un champ de blé ou roses dans son vase. Elle coud et brode lorsque la petite dort ou qu'elle joue dans son parc. « C'est un bébé tranquille » a dit Mamie lors de sa dernière visite. Mamie vient chaque semaine ou c'est elle qui se déplace. À chaque fois elle lui explique comment la petite a grandi, forci. Elle en rajoute un peu, mais c'est Mamie : elle exagère, elle s'inquiète. « Le médecin m'a dit qu'elle devait passer le cap des sept ans. Après, elle sera bonne ! » Bonne à quoi ? se demande Lily. Sept ans ; que va-t-elle faire, elle, pour être *bonne* durant ce temps ? « C'est vous qui l'avez brodé ?... » Il montre le cadre qu'il entrevoit alors qu'elle ouvre sa porte d'appartement. Elle acquiesce. « Très joli... » Il la regarde.

« ... aussi. » Un au revoir poli, le temps de reprendre son sac et d'entrer dans l'appartement, sans homme.

Dire que Roberto ne lui plaît pas serait mentir. Il est prévenant, attentif, charmeur et... présent. Si la vie de Claude semble réglée sur ses futurs voyages professionnels, celle de Lily lui paraît bien terne. Mamie a accepté de prendre la petite chez elle deux après-midis dans la semaine pour qu'elle puisse reprendre son travail à la blanchisserie.

M. Aeschlimann lui a proposé de l'aider à sa comptabilité, plutôt qu'au magasin où il a besoin de régularité. Cela sera pour l'automne. Sept ans ! Dieu qu'elle ne s'imagine pas !...

1959

Je marche. Oh... cela fait un moment.
C'est le long du couloir chez Mamie que je teste équilibre et rapidité. Je vacille
de gauche et de droite, mais qu'importe ! Les murs sont suffisamment
rapprochés pour me
retenir.
Mamie m'attend en riant vers le chauffage, au cas où je me
risquerais à m'y appuyer. Mamie est prévenante.
Chez Maman, c'est plus petit. Les rayons de soleil ont disparu, remplacés par
l'ampoule du plafond.
C'est moins captivant.
Le plus extraordinaire c'est quand la Présence-Voix apparaît.
Comme je m'amuse !
Il me chatouille, me fait des bulles dans le cou, me lance gentiment en l'air et
me rattrape. Encore... encore... encore.
Il a aussi un nom : Papa. Papa-voix.
Quand il reste, il met de la musique qui résonne dans tout l'appartement et il
chante. Lui aussi, il fait encore... encore, car c'est souvent la même musique, la
même voix.
Je ne m'en lasse pas.

Il a expliqué une fois à Maman qu'il « travaille ». Alors que, quand il « répète », il met le tabouret à côté de la table basse et il frappe le bois de ses doigts et du plat de la main. Cela crée des sons différents et c'est comme la musique qu'on entend.
Je les vois rarement ensemble.

Quand nous nous promenons, un autre monsieur vient discuter avec Maman. Je l'ai rencontré plusieurs fois dans l'escalier, l'endroit où les mots et les gestes résonnent fort.
Parfois, il me porte quand nous grimpons les marches.

Maman lui sourit plus qu'à papa.
Je fronce les sourcils. Juste à cet instant, quand Maman le regarde, mon ventre fait une boule. « Maman ????... »
Elle me reprend sur elle. « J'arrive... » Elle le salue d'un petit geste de la main et nous nous retrouvons toutes les deux.
Je mets du temps à réentendre mon cœur.

ELLE RESTAIT SANS BOUGER, sidérée, la lettre à la main. Elle s'était dépêchée de l'ouvrir. Le timbre montrant une ville avec un minaret indiquait Türkiye. Enfin des nouvelles de Claude, en tournée à Istanbul !

Ma chérie, mon amour
Je ne peux m'ôter de l'esprit la folle nuit que nous avons passée ensemble à l'hôtel...

ELLE FROISSA LA PAGE, s'arrêtant de respirer. Elle posa enfin son sac à main. Il pesait lourd. Elle s'attabla. Plus bas...

. . .

JE NE RÊVE que de te retrouver. Tu es la femme de ma vie. Je nous imagine déjà, toi et moi, voyageant de ville en ville...*

CETTE LETTRE ne lui était pas adressée. Elle déplia le haut de la page et lut l'adresse : rue Sismondi, 1201 Genève. La vie était-elle donc ainsi, à se répéter ? Pour sa mère, comme pour elle. Des hommes et des femmes qui se croisent, avec amour puis désintérêt, mus par le désir menant inexorablement à la solitude. Un sifflement joyeux se fit entendre à l'étage, à l'extérieur de l'appartement : Roberto. L'adresse sur l'enveloppe et celle à l'intérieur ne correspondaient pas. C'est dire que cette Isabelle Bonnard avait reçu celle qui lui était destinée. Que lirait-elle ? *Chère Lily, je pense à toi. J'espère que Genève te plaît à cette saison. Comment va notre petite ?* Une lettre d'époux, sans passion. Voilà bien des mois qu'ils n'avaient pas fait l'amour.

Trois jours plus tard, elle prit congé à la Blanchisserie, prétextant une migraine. La petite chez Mamie. Traversant le rond-point de Rive, elle longea rapidement le bord du lac. Le pont du Mont-Blanc tanguait sous les pas des passants. À sa droite, elle apercevait déjà, au loin, les hôtels somptueux qui faisaient la renommée de la Genève internationale. La gare, pourtant, n'était pas loin, avec ses quartiers chauds. Une proximité bien utile lors des voyages d'affaires. Elle trouva facilement la rue de Berne, flanquée de ses cafés, hôtels et appartements de passe et de ses quelques épiceries ou magasins de première nécessité. Au numéro de la rue Sismondi indiqué sur la lettre de Claude, se tenait une échoppe, une sorte de bar-tabac-épicerie. Elle entra et déambula dans les allées sombres entre les rayonnages. Des voix de femmes s'élevaient depuis le comptoir principal. Le lieu sentait le Maggi, la lessive et le tabac froid. Elle choisit un paquet de biscuits et rejoignit distraitement la file des acheteurs.

Derrière le comptoir, deux femmes. La plus jeune revenait avec des tranches de jambon posées sur un papier gras à peser sur une balance.

---

* Ils le firent, exactement comme il l'avait rêvé. Au décès de mon père, ils comptaient 58 ans de vie commune.

Elle était petite. On devinait, sous le tablier, une robe à grosses fleurs roses dont les bretelles dépassaient du tissu tâché. Les bretelles glissaient négligemment sur ses épaules. Vulgaire, remarqua Lily. Petite et vulgaire. Elle s'approcha lentement, essayant de ne pas la fixer trop ostensiblement. Les cheveux blonds – une fausse blonde – étaient montés en un chignon duquel tombaient quelques mèches rebelles. Lorsqu'elle se retourna pour rejoindre l'arrière-boutique, elle observa encore sa taille fine, plus fortement marquée grâce à la ceinture large et au jupon fourni qui soulevait le bas de sa robe.

« Avec cela ...? » demanda l'autre femme, lui prenant le paquet de biscuits pour lui en indiquer le prix. « C'est tout, merci. » Elle paya et sortit. Sur le chemin inverse qui la ramenait chez elle, elle regarda sa montre. Elle se dit qu'il n'était pas tard et que Mamie s'occuperait bien encore un peu de la petite. Elle rentra, se rafraîchit le visage, posa un peu de rouge sur ses lèvres puis se posta sur la dernière marche qui accédait à son étage. Vers 17 h, l'allée se remplit à plusieurs reprises de bruits de pas, de

paroles échangées ou de souffles courts. Serrures, portes qui grincent. On rentrait chez soi. Roberto la trouva assise. Il ne dit rien, mais lui prit la main pour la relever. Serrure, porte qui s'ouvre. Elle entrait dans sa vie.

J'AIME BARBOTER *dans l'eau.*

La baignoire a juste un fond d'eau, mais je m'amuse. Je tape de la main le dessus de l'eau qui gicle dans un bruit de clashhhh que je reproduis à l'infini. Clashhhh clashhhh...

Un canard jaune tente de garder sa prestance dans le remous des vagues. Je l'enfonce, il remonte. Clashhhh clashhhh
De temps en temps je lance un regard vers l'intérieur de l'appartement.
Depuis la baignoire, si j'étire un peu le cou, mes yeux distinguent les meubles en contours grisâtres en contre-jour.

Au loin une fenêtre ouverte, le bruit de la rue. Une silhouette se déplace et
traverse le rayon poussiéreux du soleil :
Maman.

C'EST le seul vrai souvenir, la seule image, floue et grise, que je garde d'elle. De toute ma vie, je ne la rencontrerai plus que deux fois.

L'orphelinat

1960

La pension aux grands sapins m'accueillit. Je sus – soixante ans plus tard – qu'Ariane – quasi la même année – avait quitté l'établissement pour une famille d'accueil d'où elle pouvait poursuivre un apprentissage en ville. Plusieurs petits lits à barreaux remplissaient l'espace d'une salle commune. Mes repères sont à la fois semblables et inversés. Je reconnais l'attente et le parfum du drap d'hôpital. Je découvre la proximité nocturne de la peur des autres. Je reconnais l'espace confiné que seul mon petit corps peut appréhender, voire habiter. Je découvre la puissance du sourire.

Alors qu'il me fallait geindre lorsque mon corps se sentait en état « désagréable », maintenant, c'est lorsque je souris de toutes mes fossettes que des présences s'occupent de moi. Je reste longtemps, vraiment longtemps dans cette désagréable sensation d'être souillée sans que personne ne vienne. Gémissements, pleurs ne produisent aucune réaction.

Je suis vite relayée par d'autres petits qui pleurnichent en chœur ; un tintamarre qui ne s'arrête qu'après des minutes et des minutes durant lesquelles nous finissons de nous lasser. Quand un bébé se tait, est-ce de l'impuissance ? Une résignation non consciente ? J'ai pris la décision de jouer dans le petit espace de mon lit, comme si j'étais seule au monde. Bien sûr je m'intéresse à plus loin que mes seuls doigts et orteils. Comme je ne peux pas marcher dans mon

Mamie et moi

lit, je m'assois et je teste. Je regarde le monde par-dessus ou par-dessous la barre haute du petit lit. J'observe les différences de couleur ou la qualité du son – calfeutré ou interpellant – venant de la pièce. Je fais la même chose à plat ventre ou sur le dos ; l'univers tourne et se métamorphose. Est-ce que je m'ennuie ? Je ne sais pas ce que cela veut dire. Je connais juste l'attente.

L'instant où je me demande ce qui va bien pouvoir se passer après... l'instant.

Je crois que j'ai appelé Maman les premiers jours. J'ai aussi essayé avec le mot Papa, mais cela n'a eu aucun effet, autre que de me fatiguer. J'ai dormi longtemps, à la recherche du Sans-Moi. Je l'ai appelé de mes vœux de bébé abandonné pour qu'il me donne la force de sourire au désagréable, de jouer isolée, de ne pas trop pleurer avec les autres bébés. Il a tenu parole ; on se connaît quand même depuis ma naissance ! C'est un compagnon fidèle. Je le sens s'approcher. Il n'a pas de visage, pas de forme. Il m'enveloppe comme dans une douce couverture et je sens sa chaleur. Mon être tout entier se détend. Je me laisse glisser tout contre lui. Je n'invente plus de jeux, je renonce aux stratégies du sourire.

Je suis juste *Moi* et *Sans-Moi*, unis pour supporter la vie.

Ma seule visite c'est Mamie. Je reconnais sa voix de loin ; je me dresse dans mon lit, je tends mes menottes vers elle. Mamie est pressée. Elle entraîne sur son passage une soignante qui marche à petits pas derrière elle. Elle me plaque contre le panneau latéral du lit et me renifle. « Sentez, mais sentez donc !... Cette petite vit dans ses excréments, c'est une honte. Je ne bougerai pas d'ici avant que vous ne l'ayez changée ! » Elle se campe, les bras croisés, son nez aquilin marquant son profil sévère. La nourrice s'affaire au fond de la salle. Mamie se radoucit et caresse mes boucles frisées. Tout doux « Elle va revenir... et tu te sentiras mieux. » Se relevant « Quand même ! C'est une honte ! »

Mamie devient ma référence, mon seul et unique pilier, celle que j'attends et qui choisit de ne pas me décevoir. Elle vient. Chaque semaine. Une relation se tisse dans des allers-retours emplis de confiance. Elle fut ma première vraie relation. Je souriais, elle souriait. Je babillais, elle traduisait mes mots. Avec un accent suisse-allemand, mais les petites filles si petites s'en fichent ! Je dansais, elle inventait la mélodie de mes pieds. Lorsqu'elle chantonnait, je dansais ses mots. Elle me prenait sur ses genoux et on dégustait de la purée de pommes tiède ; une cuillère pour elle, une pour moi.

Est-ce à ce moment-là de ma vie, que mon âme de fillette a produit cette interrogation qui ne cessera dès lors de me hanter :

« Et après ?... y vient quoi ?... »
La peur.

<h1 style="text-align:center">1962</h1>

Son ventre s'est arrondi jusqu'à oser l'éclatement. Pas ce semblant d'accouchement qui n'était qu'une impuissance déguisée, le glissement d'une masse gluante hors d'elle presque sans effort. Juste de quoi retenir l'attention de l'équipe médicale. Une virgule de chair trop petite pour être touchée. Trop éphémère pour être même gardée contre elle un instant, un instant de vraie mère. Maintenant c'est différent : Thierry est *vraiment* né.

Elle a déménagé aux Allobroges, près de Carouge*. Roberto l'emmène chez ses amis, au cercle des Italiens de Genève, ils invitent dans leur cuisine. Le rythme de vie est joyeux et intense. Elle ne travaille plus. Dès qu'il avait appris sa grossesse – pondeuse, elle l'est ! – il avait clamé fièrement

« Un homme, un vrai, entretient sa femme et ses enfants. Jamais je ne supporterai que mon épouse travaille ! » Elle appréciait sa sollicitude, son empressement à toujours être à ses côtés. Une nouvelle vie emplie d'amis, de visites, de plats mijotés. Tout le monde connaissait

---

* Carouge, commune de la ville de Genève, prioritairement habitée à cette époque par les travailleurs émigrés. Dès les années 70', elle devient le quartier privilégié des artistes, avant de se transformer en boutiques, galeristes et appartements chics et branchés.

avec nous ? » demanda Claude en s'asseyant près de sa femme. Mamie posa le gratin au milieu. « Il est en

Allemagne dans la famille de son amie. Je crois qu'ils vont se marier. » Ah… il y eut quelques sourires. Odette servit la viande et les assiettes s'entrechoquèrent au-dessus des pommes de terre.

Mamie ne s'arrêtait donc jamais, pensa Lily. Serveuse de métier, tout devait être parfait. Lily adorait Mamie. Le courant était tout de suite bien passé entre les deux femmes. Mamie la prenait un peu pour sa propre fille et Lily se laissait volontiers faire. Madeline aurait dit « Comme cela fait du bien ! » La famille de Claude était chaleureuse, exubérante, excessive. Italienne. Mamie, elle, venait de la Suisse allemande où elle était arrivée pour travailler et fuir sa condition de paysanne. Elle rêvait d'être musicienne, harpiste. Elle avait pu rêver par procuration : son homme était guitariste et peintre volage. À travers lui, elle avait adoré vivre comme une artiste ; amenant des sous pour qu'il les dépense et qu'il puisse continuer à sortir tard le soir. Pour lui, elle travaillerait. Elle l'avait toujours fait et elle le faisait bien. Joviale, Mamie chantait en cuisinant. « Quand il me prend dans ses bras… la vie en ros-eu. » Lorsqu' elle ne s'occupait pas du ménage, elle tricotait – en chantant. Sinon, elle s'occupait d'un petit jardin, en pleine campagne, constitué de quelques alignées de légumes, de fleurs et d'une baraque. Cela avait bien aidé pour faire cuire la marmite, par temps de guerre. À vélo, tirant un mini chariot avec les deux frères dedans, elle parcourait les routes pour ramasser dents-de-lion, oléagineux, pommes ou poires. Le jardin servait aux pommes de terre, aux poireaux. Quant aux fleurs, elles remplissaient chaque vase sur chaque commode, chaque buffet. Mamie avait la main verte.

Claude et Pierre avaient bien entendu suivi un cursus musical. Claude au violon, Pierre au piano : Mamie était aux anges. Son sacrifice quotidien en valait la peine. Si Pierre excellait au point de s'être vu octroyer des bourses après des premiers prix de piano au Conservatoire de Musique, Claude ne s'intéressait que peu à la musique classique. Il s'essayait au saxophone, à la percussion et il chantait comme un dieu. C'est Lily qui l'affirmait. Il suffisait qu'il se tourne vers elle alors qu'il entamait une ballade et elle se sentait rougir. Il lui était arrivé de

<h1 style="text-align:center">1963</h1>

Il a refusé tout net. Pourtant le travail lui manque. D'avoir un peu d'argent de poche aussi pour s'acheter ses magazines, un tissu pour une nouvelle robe. Quand il rentre des chantiers, il veut que la table soit mise. Il a commencé à crier sur elle. Sûrement qu'il a raison ; l'orphelinat n'apprend pas tout sur la vie. Un couple se construit par la bonne volonté des deux partis. Madeline est venue lui rendre visite. Elle n'a pas encore d'enfants. Elle dit que ce n'est pas son truc, mais avec un ton faussement drôle. Lily le sent. Elles ont beaucoup ri en se remémorant leur enfance et leurs secrets de filles. Thierry joue avec ses trains de bois, à leurs pieds. Elles ont mangé à même le sol, près de lui, les assiettes pleines sur leurs cuisses. Thierry a de la sauce tomate au coin de la bouche, puis sur sa manche... Un autre souvenir fuse. Lorsque Roberto rentre, il s'arrête net à l'entrée de la pièce. Il a gonflé sa poitrine, retenu les mots dans sa bouche. Madeline s'est levée, très rapidement, pour aller le saluer, mais il n'a fait aucun geste vers sa main tendue. « Je crois qu'il est temps que vous partiez... » Sans croiser son regard. Madeline a froncé les sourcils puis, les yeux grands ouverts, étonnée, vers son amie encore assise

« Je fais quoi, là ?!! » Thierry court vers son père, les mains pleines de petits wagons qu'il a accrochés bout à bout.

« Regarde, Papa, regarde... » Papa ne voit que la sauce, les

assiettes sur le tapis, sa femme les jambes nues, sa petite culotte visible. Il répète plus distinctement « Je crois qu'il est temps que vous partiez... » Lily se lève, replace sa jupe sur ses cuisses, prend le sac de Madeline et le lui tend.

« On s'appelle, promis ! » Elle la pousse vers la porte. Roberto n'a pas bougé, elles le contournent. « Mais, Lily... ? » Elle l'aide à enfiler sa veste. Plus insistante

« Lily... ? Il se passe quoi ?... » Que répondre au danger qui s'infiltre dans l'air ambiant. « Je t'appelle, promis ! » Thierry est prié de retourner dans sa chambre. Le train est joli, oui. Lily reste un bref instant contre la porte qu'elle vient de refermer derrière son amie éberluée. Courageusement, elle se retourne et se met à empiler assiettes, verres, carafe, casseroles vers l'évier de la cuisine. L'eau chaude coule, le produit vaisselle fait des bulles. Le corps de Lily attend, tendu. Il n'a rien dit d'autre. Il n'a rien fait d'autre. Au coucher, il l'a retournée, a plaqué sa main sur sa nuque et l'a enfourchée par l'arrière. Elle non plus n'a rien dit, rien fait d'autre. Sauf qu'elle a pensé « Et après... ? Y vient quoi ? »

1964

Madeline et elle sur la Plaine de Plainpalais, plantées à quelques mètres de la rangée de platanes. Elle ne va pas oser. Dans son cabas, un ours en peluche Steiff* qu'elle vient d'acheter. « Tu pars quand ?... » Lily a pris ses quelques économies, préparé son passeport et une petite valise qu'elle a camouflée sous le lit de Thierry. Les deux amies se sont appelées chaque semaine durant ces derniers mois. La bouée de sauvetage de Lily. Roberto boit, frappe, l'insulte et l'oblige sexuellement chaque jour. D'abord, elle s'en est prise à elle-même, cherchant désespérément ce qu'elle pouvait améliorer à leur quotidien. Les limites étaient sans cesse repoussées. Elle s'est rendue auprès d'Ariane et lui a expliqué les raisons de son prochain départ. Ariane va bien. Elle et Walter restent en contact avec leur mère. Celle-ci alterne crises de schizophrénie et temps de latence durant lesquels, apathique, elle ne bouge plus de son appartement. Ariane lui apporte à manger, lui fait la vaisselle et le ménage. Mais c'est *suffisamment stable*, explique Ariane en haussant les épaules. Oui, elle dirait tout à Walter dès qu'ils se verront. Oui, elle lui communiquera sa nouvelle adresse dès qu'elle la saura. D'abord une chambre dans un campus pour étudiants où ils ont

---

* https://www.steiff.com/fr-ch/le-monde-exclusif-des-collectionneurs

accepté la venue de Thierry ; elle a trouvé un poste d'enseignante de français durant le rattrapage estival. Londres.

Elle va se débrouiller pour prendre des cours d'anglais. Oui, elle prendra soin d'elle et de son fils.

Là, elle n'ose plus avancer. Les voitures circulent vite sur l'avenue ; leur bruit s'amplifie dans sa tête. Sûre qu'elle va la juger ! « Je vais t'attendre en bas, dans l'allée. » Madeline la prend par le bras. « Qu'est-ce que tu risques ? Qu'elle t'engueule ! Et pis ?! » Elles traversent entre les voitures et poussent l'impressionnante porte de bois donnant sur la rue. Quelques vélos contre la paroi de l'entrée. Madeline se décide à s'asseoir sur la 2e marche de marbre puis se ravise. Elle monte jusqu'aux boîtes aux lettres, passe une main au-dessus du meuble de tri postal et en retire un journal de publicités. « Pour mes fesses ! » Elle retourne s'asseoir sur ce fond de papier, sur la 2e marche. Encourageant son amie « Vas-y ! » 5e étape, porte gauche. Elle sonne. Elle entend les pas rapides de Mamie. Elle sort le paquet cadeau du cabas et le tient contre sa poitrine. Un airbag contre les émotions ou contre Mamie qui pourrait lui sauter à la figure. Mamie ouvre. Elles se dévisagent un instant sans rien dire. « Tu veux quoi ? » Elle lui tend le paquet.

« C'est pour la petite. Je pars. » Plus loin, dans l'appartement

« C'est qui ?? Mamie, c'est qui ??... » Regards croisés. Mamie se retourne légèrement et se penche vers l'arrière. La porte n'est qu'entrouverte. « Personne... Une erreur. J'arrive ! » Silence. L'erreur se débarrasse rapidement de son paquet qu'elle lui pousse contre la porte. « C'est pour elle. » Mamie le prend sans un merci. Déjà Lily se retourne vers l'escalier. « Elle est bien ici, tu sais » dit encore Mamie sur un ton de rivalité à peine feinte. « Oui, je n'en doute pas. Pas un instant. » Ce n'est pas un merci non plus. La voix de la petite : « Mamie... tu viens ? » Mamie ferme la porte. Elles ne se reverront jamais.

Mamie n'a pas du tout apprécié ni même accepté que j'aie une nouvelle famille, de plus dans son quartier, rue Dancet, où elle risquait de me croiser tenant fermement la main d'une inconnue. Elle a rappelé mon père en urgence et l'a fait signer – c'est lui qui a le droit parental sur moi – tous les papiers nécessaires pour que je puisse vivre chez elle, aller chez le médecin et à l'école avec elle, et qu'elle prenne toutes les bonnes décisions me concernant. Vu que mon père n'est

« Jamais là ! » Elle fait référence à son métier de musicien qu'il mène avec talent, compétence et satisfaction personnelle. J'ai ma chambre chez Mamie, une grande pièce pour moi toute seule avec un meuble gigantesque qui s'appelle piano et qui va devenir un territoire à conquérir.

Que dire ? Alors que la porte se referme, que je n'ai pas senti la présence de ma maman, ni entr'aperçu sa silhouette, ni même entendu sa voix ? Que je n'ai pas plongé mes yeux dans ceux de l'étrangère qu'elle aurait été pour moi à cet instant s'il avait eu lieu ? Ou, encore plus improbable, senti le baiser qu'elle m'aurait gentiment déposé sur le haut de mon front et dont j'aurais gardé un stigmate me reliant à elle, pour l'éternité ? Même pas une apparition.

Que dire ? Que durant les dix années suivantes où j'ai vécu avec Mamie, à chaque coup de sonnette, j'ai voulu et j'ai craint que cela soit Elle, ma maman, qui vienne me chercher. Un rêve réparateur tout autant qu'un cauchemar. Peut-on espérer ce qui va bousculer toute votre vie d'enfant ? Si... elle vient, je n'aurai plus ma chambre, mes poupées, mon tricycle, le jardin où Mamie m'apprend le nom des fleurs. Si... elle vient, je perdrai Mamie qui va pleurer et peut-être mourir de chagrin. Je suis la fille qu'elle n'a pas eue, son rayon de soleil. Si... elle vient, je n'aurai plus de maison, plus de chez-moi rassurant. Si... elle vient – c'est comme le pire cauchemar qui m'a habitée des années durant où, l'appartement en feu, je me ruais pour sortir et revenais en pleurs chercher la peluche et la poupée et le koala et... je lâchais tout... j'avais peur de ne pas prendre ce que j'aimais le plus, ce qui serait nécessaire à la survie de ma petite âme perdue, risquant de mourir dans ce feu destructeur. Combien de fois ai-je pleuré ainsi dans le noir avant que Mamie vienne me consoler. Il n'y avait pas de feu. Tout allait bien. J'étais une toute belle petite fille, adorable. Et elle me préparait un verre de lait chaud au miel.

Mais si... elle venait ? J'aurais une maman comme les autres. Si... elle venait, c'est que j'étais assez bonne, adorable, aimable, aimée, pour prétendre vivre avec elle. Comme les autres : une maman aux cheveux lisses, une maman jeune, belle, qu'ils m'envieraient, car grâce à elle, je pourrais voyager loin de la cour de nos immeubles.

Je resterai longtemps la seule de ma classe à avoir des parents divorcés et en plus, avec une seule grand-mère pour famille. La seule aussi de ma classe aux cheveux frisés ; si crépus que je redoutais le peignage hebdomadaire qui me faisait jaillir des larmes. Mes camarades, tous plus âgés, étaient suisses. Clairement et unilatéralement... suisses.

Ce n'est pas tout à fait vrai : Mamie ne vit pas seule, elle vit « en ménage » avec Maurice qui est déjà vieux. Je le sais parce qu'il a la peau sèche et des pellicules sur son gilet grenat qu'il porte tous les jours. Ils ne sont pas mariés, ce qui est rare, et c'est sûrement la raison pour laquelle j'ai écrit que je n'avais que Mamie comme famille. Ils ne font pas *couple,* comme je me l'imagine en jouant avec ma Barbie ; pas des amoureux. Ils font « ménage commun » : ils s'entraident au quotidien et ils dorment dans le même lit, quand même.

Il ne joue pas avec moi. Il est retraité et il passe ses journées à écouter la radio, à lire le journal ; il s'informe. Il s'assied à table avec moi quand je fais mes devoirs près de la cuisinière à bois ; il m'encourage. On ne rigole pas tous les jours chez Mamie. Paraît-il qu'elle est malade du cœur. Je ne sais pas si c'est le cœur-organe ou le cœur-émotions. Elle ne tient pas en place, même si elle a quitté son travail pour s'occuper de moi. Sa vie – dans l'ordre de préférence – c'est moi, puis ses plantes vertes, ses fleurs, son jardin potager, les refrains d'Édith Piaf, la grande musique, surtout Beethoven. Et Maurice, sûrement, mais je ne saurais pas où le placer. Les cafés appellent de temps en temps Mamie pour faire des « extras » ; elle sort le soir et Maurice me cuit des pommes de terre sautées et une omelette. Je ne pleure jamais, parce que le cœur de Mamie en serait peiné, voire plus malade et je ne veux pas la perdre. Je ne ris pas fort non plus, parce qu'il ne faut pas fatiguer Mamie. Il me reste chanter et jouer du piano ; alors je m'y mets à fond. Plusieurs fois, le médecin est arrivé en urgence de nuit. Cela m'a réveillée. Je restais assise dans mon lit, respirant à peine. Après les avoir entendus discuter, Maurice et lui, près de la chambre de Mamie, puis entendu la porte d'entrée se refermer doucement sur le calme retrouvé, je me cachais sous l'édredon pour verser des larmes en silence. J'avais tellement peur que Mamie s'en aille et, avec elle, tout mon monde. Plus tard j'ai appris qu'elle était neurasthénique. C'est un mot barbare pour parler des gens qui sourient tout le temps – comme Mamie – et qui ne vivent pas au creux de leurs sourires.

Quand j'ai eu dix ans, mon père a cessé de voyager autant pour être présent à sa famille à lui. Je lui rendais visite lors des fins de semaine et durant mes vacances. Je crois que mon père a créé le concept d'Hôtel de familles ! Cette métaphore me plaît bien. Après toutes ces années passées d'une chambre d'hôtel à une autre, à se faire servir au bar des dancings un sandwich vite fait, puis un repas plus ou moins chaud à 3 h du matin, il en a gardé la manière : sa maison est remplie de courants d'air. Ce qui m'étonne le plus, quand je vais en visite dans la famille-qui-n'est-pas-la-mienne, ce sont les repas. Moi qui m'assois, plie ma serviette sur ma robe, l'accroche par un coin vers l'encolure, j'assiste à un tournoi sportif digne du cirque Knie[*]. Les deux enfants, qui sont des moitiés de fratrie à moi, sautent sur les canapés, prennent une bouchée de nourriture dans leurs assiettes sans se poser sur leurs chaises, crient, grimpent sur les radiateurs et... tout le monde s'en fout. Ici on aime le cirque, on s'amuse et je mange en comptant mes petits pois en boîte. Moi, je vis avec des vieux, une vie de jeune vieille avec des principes, des bonnes manières, réglée et sans surprise, un univers de grands déjà, entre école, piano, études, cours de danse. Je n'aurais jamais pu même imaginer sauter sur les beaux fauteuils de Mamie qu'elle avait couverts d'un plastique pour ne pas les abîmer, pour ne pas les user. Un fauteuil, on en fait quoi quand on meurt ?

Plus de trente ans plus tard, alors que nous rentrerons d'un mariage fort arrosé, ma demie de sœur me confiera que, durant ces années, elle n'avait jamais compris que j'étais issue des mêmes gênes qu'elle. Elle me percevait comme ces enfants défavorisés qu'on invite à passer des vacances en Suisse, pour se refaire une santé. Je venais en vacances, moi la petite frisée un peu coincée. Papa n'avait jamais pris la peine de mettre des mots sur nos origines communes. Les hommes de sa généra-

---

[*] https://www.knie.ch/cirque/le-cirque/portrait

parlaient peu, certes, mais quelques mots, hein ? Nul besoin de justification, d'explications historiques. Juste me permettre de mettre mes deux pieds dans leur univers et de m'en donner le mode d'emploi. Ce lieu restera pour moi un hôtel de passage. Dans cette ménagerie presque gitane, de gens du voyage sans en être, c'était moi la bête curieuse.

1976

Ma petite est née. À terme. Je crée, avec elle, ma *propre famille*. Une évidence, un besoin. Pour elle, je serai là, quoi qu'il arrive. Et cela allait arriver. Mais je serai coûte que coûte présente pour mes enfants (deux fils suivront), quitte à m'oublier. Aujourd'hui je la berce, je chante pour elle. J'aime son odeur, j'aime écouter sa respiration tranquille quand l'immeuble se met en mode silence. Il y a trois semaines, Mamie nous a quittés. Elle n'a pas réussi à attendre ; une hémorragie cérébrale durant la nuit. Je l'avais appelée la veille. Le destin nous fait des pieds de nez ; il m'offre en simultané cette nouvelle vie et la douleur de cette terrible perte. Mais l'absence de Mamie aurait été insupportable sans l'arrivée de la petite. Elle a déjà un fameux caractère ! J'en suis émue et fière. Je la fais peser chaque semaine, auprès de la puéricultrice itinérante qui vient au village. Je n'ai personne à qui parler et à qui demander conseil pour son nez qui coule, ses rougeurs aux fesses. Elle a un papa. Un papa musicien, je vous le confirme, qui s'inquiète bien sûr pour sa santé et se réjouit de sa vigueur. Mais, bon… la puéricultrice, c'est plus adapté. Je n'ai pas encore 19 ans, mais j'ai VOULU ma famille. J'ai souhaité obstinément chacune de mes grossesses et chacun de mes enfants.

Il est bientôt Noël, période de mon anniversaire et je suis maman à mon tour. Mère pour la première fois sans ma Mamie-maman et sans connaître ma propre mère. Une lignée de chairs interrompue. Mon corps de mère laissé à vide. Je dois la retrouver. Une évidence pour moi et peut-être aussi pour ma fille. M... ! Cette inconnue est quand même grand-mère depuis un mois ! Grand-mère sans être maman.

La sonnette de la porte. Je piétine dans l'allée, gênée, incongrue. « Roberto ?... » Il ouvre. « Oui ?... – Je suis... – Je sais qui tu es. Entre. » Je pénètre dans l'appartement, rue des Allobroges. Il n'a jamais déménagé. Papa a facilement retrouvé son adresse. Il me montre l'entrée de la pièce principale.

« Tu veux boire quelque chose ? » Volontiers, pas de refus. Un thé fera l'affaire. Après mon coup de fil, il a préparé quelques feuilles de papier qu'il me montre du doigt avant de s'asseoir, deux tasses à la main, en face de moi. C'est donc lui, le papa-d'après ? Il est plus grand que moi, bien que je sente la lourdeur de son ossature qui le voûte vers l'avant. Un visage aux sourcils expressifs et des yeux verts. Une tignasse d'italien, me dis-je. Il porte un jeans et une chemise bleue, boutonnée au col et des pantoufles. Nous voici installés, le passé entre nous. Il va commencer à parler mais quelque chose le retient. Il se lève et revient, tenant un petit cadre avec la photo d'un garçon aux cheveux frisés, au sourire mutin, yeux face objectif. Il pose le cadre près des documents ; le garçon nous dévisage. « Un jour, elle n'était juste plus là et lui non plus. » Il parle de ma mère. Il évoque mon demi-frère. Je vis cet instant comme irréel. Roberto essuie une larme avec sa manche gauche. « Je ne l'ai plus jamais revu. Mon fils ! » Nous buvons en silence.

Roberto : « Lorsque j'ai compris qu'elle était partie, quelques jours après leur disparition, j'ai fait appel à la police. Nous avons éliminé l'idée d'une fuite suicidaire. Rapidement, ils ont contacté sa meilleure amie de l'époque et la piste anglaise a été priorisée. Interpol s'en est mêlé. » Il pointe un doigt vers sa poitrine. « C'est que j'étais le père, non ? Une femme ne peut pas disparaître comme cela. On n'était même pas divorcés ; c'était mon épouse, c'était mon fils ! » Son ton est monté d'un cran. Une gorgée de thé. Interpol ? Je me retiens de respirer. Ma mère, une criminelle. Je n'arrive pas à détacher mes yeux du garçonnet dans le cadre ; un regard rieur et des petites poches fines sous les yeux.

Comme moi. Un inconnu me ressemble, quelque part ; un garçon de 14 ans. Roberto prend la feuille de dessous et me la montre.

« Elle a demandé le divorce depuis l'Angleterre, sans réclamer aucune pension, sans rien me dire sur Thierry. Quand j'en ai informé la police, l'un des leurs est venu me voir, ici. » Il me montre l'entrée, la pièce où nous discutons, comme pour appuyer la réalité des faits. Un deuxième feuillet glissé vers moi. « C'était quelques semaines après que j'ai signé. Il m'a dit qu'ils l'avaient retrouvée. » Je frissonne. « Ils ne pouvaient rien faire de plus ; mon fils vivait avec sa mère. Il était en sécurité. Le couple que formait Lily avec son futur époux bénéficiait d'un revenu financier suffisant. Cet homme avait été interrogé et se sentait prêt à assumer l'éducation de son fils. » Un temps suspendu « MON fils !... »

Roberto se lève et se prépare un café. Je refuse d'un geste de la main. En effet, ce n'est pas pour son histoire à lui que je suis venue, mais... quand même ! « Cette femme a une capacité incroyable à tout effacer sur son passage ! » À qui le dites-vous ? Il se rassied et me tend le dernier feuillet, lentement. « Interpol m'avait laissé son adresse. Je ne l'ai jamais contactée, je n'ai plus rien voulu savoir. Voilà, c'est pour toi ! » Le Graal. L'écriture se brouille. Un formulaire avec le sceau de la Confédération suisse. J'y lis son prénom, son nom actuel et une adresse où se mélangent chiffres et lettres. Je plie délicatement la feuille et la mets dans mon sac. Mon cœur bat à tout rompre. J'ai l'impression de marcher sur des œufs alors que je le remercie, le salue d'une poignée de main ; déconnectée, dissociée entre deux lignes de temporalité. J'ai attendu deux jours avant d'oser téléphoner.

« Je suis... sa fille. » La famille W. ne vit plus ici. « Nous n'avons plus de contact depuis un moment et je ne sais pas comment la joindre. » *Of course.* Une idée ? Le mari a tissé des liens avec le maire. Numéro de téléphone du maire. « Je suis... sa fille. » Le maire très sympa acquiesce. Il cherche et trouve la nouvelle adresse, ainsi que le numéro de télé-phone. Je remercie. J'en tremble. Elle est à portée de combiné !

« Allo ?... Lily ? – Oui, mais qui est à l'appareil ? – Marianne. » Silence. « Comment m'as-tu retrouvée ? » Même pas bonjour.

Elle s'est mise à l'harmonium ; le premier cadeau qu'elle s'est offert lors de son installation avec son troisième mari. Elle a tenté un choral de Bach, puis *Yesterday* des Beatles, mais elle est trop perturbée pour se concentrer. Lorsqu'il rentre du travail, il la trouve jambes ballantes sur son tabouret. Elle l'a à peine regardé « Elle a téléphoné. » Il ne demande même pas de qui elle cause ; il a toujours su qu'un jour, ce passé les rattraperait. Le passé est constitué de moments habités par des êtres en chair qui suivent leur destin et vous rattrapent.

Un « elle » ne peut être que la petite de Suisse. Chez eux ne vivent que des hommes : David, Thierry et son frère de quatre ans son cadet. Lily poursuit « Elle va venir. Ici. J'ai accepté. » Bien sûr. Elle se gratte la tête, incrédule « Je suis grand-mère ! Elle voyage avec elle et son mari.

Il s'assied près d'elle, encore en manteau et lui prend affectueusement la main. « Ça va aller. » Lily encore : « Que va-t-on dire aux enfants ? Jusqu'ici la petite n'existait pas. – Sûr qu'ils vont comprendre qu'ils ont une petite sœur en Suisse ; Thierry sait que tu es née et que tu as vécu en Suisse. Nous n'avons rien d'autre à expliquer. Nous devons également faire attention à ce que nous lui dirons lors de sa venue. Elle ne sait pas que nous voyageons chaque année en Suisse pour rencontrer Madeline, Ariane et Walter. Et que... »

Et... qu'elle ne s'est jamais arrêtée pour rendre visite à la petite. Aucune de ces années. *Jamais.* Il suffisait d'un appel. L'avenue du Mail, longeant la Plaine pour se rendre chez Ariane. Ariane qui habite seule dans un minuscule logement, dans le même immeuble que sa mère. Elle veille sur elle. Quand Lily voyage, elles se retrouvent au centre-ville avec Walter, pour ne pas risquer d'entrevoir Emma. Lily a tiré un trait sur cette partie-là de sa vie. Aussi. Mais ne pas voir la petite... Par peur de Mamie ? La culpabilité ? La conviction que tout se passe au mieux, sans elle ?

Même les psys n'en déduisent rien.

1977

Alors c'est elle ! ?

Elle a ma taille, les cheveux châtain foncé – peut-être teints. Elle est fine dans un jeans et un blouson de cuir fourré. Elle se tient appuyée à la Jaguar verte que nous allons prendre pour rejoindre leur *sweet home*. C'est David qui est venu à notre rencontre, bras ouverts et grand sourire. Il offre sa main bienveillante à mon mari et tient la mienne dans les deux siennes, un peu plus longtemps. Il pose un bref regard attendri sur ma fille que je porte dans un Snuggle* sur le devant de mon corps. Il montre le véhicule et ma mère « Par là... » Le courageux. Elle, un pas en avant, m'embrasse distraitement sur la joue, un signe de tête et elle plonge dans la voiture. S'en suivent les banalités des arrivées : bon voyage, pas trop de monde, comment cela s'est passé avec ma fille qui n'a que cinq mois, si on connaît déjà Londres en s'adressant à mon époux. Je regarde par la vitre pour ne pas s'attarder sur sa nuque. Je ne me sens pas à l'aise. Seule la voix de David résonne agréablement dans l'habitacle. Il explique les raisons de leur dernier déménagement pour

---

* https://portons-bebe.fr/produit/mam-couverture-de-portage-snuggle/. Nous sommes en 1977, je l'ai ramené des USA. Je n'ai pas de poussette. Je fais figure d'extraterrestre ; je porte mon bébé contre moi.

raison professionnelle, fait du lien avec le maire de l'ancien village que j'ai contacté. *Charming. Really. Sincerely charming* cet homme. Elle regarde droit devant. Je ne ressens rien en sa présence, sauf l'impression d'être projetée dans une autre temporalité, sans lien direct avec mon être. La chaleur de ma fille contre moi me sécurise.

Les deux jours que nous passons chez eux sont comme des scènes que je regarde sur un écran de cinéma. Je dis bonjour à mes deux moitiés de frères qui ne parlent pas un mot de français et je les regarde béatement jouer sur le tapis de la pièce à vivre. L'intérieur est très conventionnel, cossu. Je remarque un buffet avec des assiettes de collection aux motifs helvétiques, une pendule neuchâteloise. Ma mère tricote, bricole, coud, brode, cuisine. « Comment, tu ne sais pas préparer une pâte à gâteau ? » s'étonne-t-elle en malaxant la sienne. En fait, je ne sais pas si je l'aimerais comme mère. Elle fait l'élevage de chiens. Elle adore les animaux. Plus que les humains, je me dis. Dans le lieu qu'ils viennent de quitter, ils possédaient aussi des vaches et des moutons. On trinque avec un bon vin. « Ah... tu es végétarienne ? » Le job de David est de vérifier la bonne qualité de la viande dans les boucheries industrielles. « Moi, j'ai une préférence pour la viande bien faisandée » m'explique-t-elle. Elle parle le français avec un petit accent, mélange d'anglais et de suisse-allemand. Cela a dû être *charming* ! Conclusion « Tu pousseras la viande sur le bord de ton assiette. » Elle s'adresse à moi comme si on avait pris congé l'une de l'autre la veille au soir et que j'étais habituée à manger à sa table. Perturbant. Je ne sais pas à quel étage d'âme je dois me tenir à ses côtés.

Quand elle est assise, jambes croisées, elle les bascule imperceptiblement d'avant en arrière, comme moi. Je ME regarde quand je la regarde ; étrange mais sans émotion. Je lui poserai quand même deux questions personnelles :

« Pourquoi as-tu quitté papa ? – On ne s'entendait pas. Je voulais un foyer stable. »

« Pourquoi tu n'es pas venue me voir ? – Tu étais bien où tu étais chez Mamie. »

Elle a répondu. N'a rien ajouté. N'a pas explicité. Une question, une réponse.

Sur le départ, je n'ai eu aucune envie de la serrer dans mes bras, ni elle. Une sorte d'airbag entre nous. David s'y est essayé avec succès ; un ours si délicat. Je me dis qu'elle a trouvé le compagnon idéal et complémentaire : il est doux, prévenant, attentif. Ce qu'elle n'est pas. Visiblement pas. Ou alors, du moins pas avec moi.

Mon mari m'a serré la main alors que nous prenions le chemin du retour. « Alors ?... » Alors rien. Une espérance même pas déçue ; juste un vide, une non-relation qui – je le pressens – ne pourra jamais se combler. Un rendez-vous manqué. À moins que, peu à peu... Je me leurre, je me mens. Pourtant j'y croirai jusqu'à sa mort. Je l'ai attendue, cette maman, qui n'est pas la mère-façade que je viens de croiser. J'essaie, moi, d'être une maman. Je vois parfois dans les yeux de ma fille, alors qu'elle me repousse, si autonome déjà, qu'une relation se construit dans la durée, qu'être mère-de-sa-fille ne s'improvise pas en deux jours et qu'être fille-de-sa-mère ne dépend pas des gênes. Se tromper et se relever à deux. Croire en la force de l'amour, à deux ; l'une par l'exemple, l'autre par confiance. Ma mère n'a pas eu d'exemple et moi, pas le temps de lui accorder ma confiance.

Album de famille, Angleterre

1984

Durant les sept années qui ont suivi, nos contacts ont été épistolaires : Noël et un *Merry Christmas* avec trois croix – les becs anglais. Pâques, son lapin, son œuf et son *Happy Easter*. Traditionnel et convenu. Je joignais parfois une photo de ma famille qui grandissait ; deux fils avaient rejoint l'aînée*. Un divorce et un mari plus tard, je suivais le fil rouge d'une lignée inconsciente. Cette année-là, elle choisit de m'annoncer son voyage à Genève. Elle pourrait me rendre visite. J'en avertis papa et papa décide de la rencontrer. Il est curieux. Je l'ai bien rencontrée, alors pourquoi pas lui ? À quoi ressemble-t-elle 25 ans après leur séparation ? Ils arrivent. David s'installe dans notre canapé, tout de suite happé par les cris joyeux des enfants. Ma mère et mon père se retrouvent dehors, devant l'immeuble. Leur rendez-vous ne dure pas plus d'une demi-heure. Mon père me dira rassuré « J'ai fait le bon choix. » Cette femme ne l'aurait sûrement pas intéressé longtemps, même s'ils avaient essayé plus, ou pour moi. Lily a fait le tour de mon appartement surchargé de tracteurs, poupées, lits superposés, a bu un thé puis est repartie. Elle n'a pas apporté de cadeaux pour les enfants, elle a juste regardé : mon chez moi sur un écran de cinéma version 3D.

---

* Une fille puis deux garçons, comme elle. Je me marierai une 3e fois, comme elle.

Je ne crois pas aux couples qui restent pour les enfants. J'ai moi-même tenté l'expérience, pour ne pas agir à l'identique. Les parents, soit nous les suivons, soit nous évitons tout ce qui leur ressemble. Je voulais tel-le-ment ne pas reproduire une situation d'abandon que je *me* suis abandonnée, laissant mon compagnon faire tout et n'importe quoi. J'ai fait des choix à l'aveugle ; mon cœur trop blessé ne cherchant que la relation, que le contact à tout prix. Je suis devenue une experte de la relation compliquée et... thérapeute. Je m'en suis sortie ; merci.

Aux quatorze ans de ma fille, je lui écris pour lui demander si elle pourrait l'accueillir durant le congé d'été. Une famille qui parle anglais, c'est mieux qu'un séjour linguistique chez des étrangers. La réponse tarde. Ils ont déménagé. Pas de place dans la maison. J'en doute. Pas de temps pour s'occuper d'elle. Oui, ma maman préfère s'occuper de ses chiens.

1992

Peter Gabriel sort son titre *Only Us*. C'est le début des orchestrations électro, aux machines répétitives. J'écoute d'une oreille distraite avant de fondre en larmes. Je suis touchée dans mes cellules ; je tremble, je transpire. Je remets la musique et la réécoute. Je ne peux plus m'arrêter. Viscéral. Prégnant. Incontournable. Je ne me reconnais plus. Bien que j'aime la musique, j'en ai fait mon métier*, mais là... il s'agit d'autre chose. Les sons me traversent, empruntent la voie limbique pour me parler d'autre chose d'inconnu et de fondamental. Je me passe la tête sous l'eau, range le CD, mais y reviens le lendemain. Addictif. Il me le faut chaque jour. J'attends impatiemment le moment où, au calme, mes tâches accomplies, je peux m'accorder ce temps d'écoute. À fond. J'augmente le volume jusqu'au maximum ; les vibrations s'ajoutent aux sons. Lorsque je ne peux plus tourner la molette de la hi-fi, je ramène le curseur au minimum et je reprends l'ascension. Accro. Cela dure des semaines avant que le corset – que dire, l'armure – se fissure.

pfouiii... chou pfouiii... chou pfouiii... chou pfouiii...

---

* Après une brève carrière comme auteure-compositrice-interprète, je me forme en musicothérapie.

chou pfouiii... chou pfouiii... chou Le son primordial. Le son vital. La couveuse.
Mamaaaaaan !

JE DÉCOUVRE et m'initie au chamanisme. Le retour à la Terre (-Mère) et le tambour. Le tambour ! pfouiii... chou Doum tata Doum taKA. Le son du tambour, substitut de la mère, rappel de ce qui m'a donné vie : non le rythme d'un cœur – à part le mien – mais celui d'une machine. Depuis, je joue chaque jour du tambour pour honorer ma présence dans ce monde. Rythmes hypnotiques, réguliers et perpétuels entendus dans la couveuse. Je suis *auto-née*.

<h1 style="text-align:center">2000</h1>

À chacune de mes menstrues, je saigne abondamment. Je m'essouffle, je prends du fer en intraveineuse et mon gynécologue me propose l'ablation de mon utérus, vu que...

« Madame, vous n'allez plus avoir d'enfants. » Un organe qui ne sert plus et dont on pourrait se délester. Hum... autre possibilité, docteur ? Un curetage qui ne suffira pas, puis une opération pour brûler ce surplus de tissus internes. On ne parle pas encore d'endométriose. « Des antécédents ? » me demanda-t-il stylo en suspension. « ... Je veux dire, du côté de votre mère, de votre lignée maternelle : des soucis à ce niveau-là ?... » Aucune idée. Il pourrait être utile, à mon âge, d'avoir quelques renseignements. Prévoir. Anticiper. Analyser les risques. Remplir des statistiques. J'écris à ma mère une lettre un peu protocolaire, expliquant le contexte médical, mon souhait pour quelques informations, intimes certes, mais utiles, je la remercie. La réponse tarde et l'enveloppe me revient avec la mention *Inconnu*. Ils ont déménagé.

Les deux opérations se succèdent avec, comme pour chacun d'entre nous, une légère inquiétude lorsque nous subissons des manipulations chirurgicales. Je joins l'ambassade de Suisse à Londres. En tant que proche d'une personne dont j'ai perdu le contact, j'ai la possibilité de demander leur aide. Ma mère a la double nationalité, elle est fichée. Ils ne fournissent aucun élément susceptible de la retrouver – respect de la vie privée – mais ils s'engagent à la joindre et à lui signifier que je souhaite entrer en contact en lui donnant mon numéro.

Il est presque 23 h. Le téléphone sonne.

Je m'inquiète de cet appel tardif. Mes adolescents sont alors... adolescents ! Ils dévient des limites que nous tentons désespérément d'appliquer. Depuis plusieurs semaines, la police a téléphoné maintes fois cherchant l'un de mes fils, après des rixes dans la rue à Lausanne. Ma fille a été heureusement retrouvée saine et sauve après l'embardée d'une voiture dans un fossé ; le petit copain au volant, totalement imbibé d'alcool, voulait se suicider. Elle l'a accompagné, pour l'aider. Heureusement, elle s'en tirera avec quelques contusions, mais le copain restera handicapé. L'adolescence ! Dix ans d'adolescence à eux deux. La police avait frappé à notre porte à 2 h du matin pour vérifier son état de santé, après avoir retrouvé le véhicule. Ils exigeront que je la réveille toutes les heures et que je la fasse examiner au matin. Alors que nous tentons de préserver le plus jeune fils de ces turbulences, je vis quotidiennement dans la crainte d'une mauvaise nouvelle ; hyper anxieuse, fragile.

Dans le combiné, une femme : « Tu veux quoi ?... » Sa voix, coupante. Je ne l'ai pas entendue depuis seize ans. Je reprends mes esprits que j'avais laissé divaguer vers ma progéniture. Salut ! « Tu veux quoi ? L'ambassade m'a téléphoné... » Je t'ai écrit mais tu as déménagé. « Oui... tu veux quoi ? » Je n'ai plus en tête le contenu de mes demandes médicales. J'explique succinctement que j'ai subi deux opérations, rien de grave, et que j'ai besoin d'informations médicales sur sa santé et ses antécédents... « Je vais bien. Tout va bien. » Tant mieux, mais si je pouvais lui envoyer ma lettre avec les détails. Elle me coupe la parole. « Non, je ne veux rien t'envoyer. » Alors, je peux éventuellement la rappeler à un autre moment ? Un court instant de silence. Une éternité. « Je ne veux plus rien savoir. Je ne te donnerai pas mon adresse. Je ne veux plus que tu m'appelles ou que tu m'écrives. Plus jamais. » Elle raccroche. Sous mes pieds, un cratère s'ouvre dans le sol, sous la maison, jusqu'au fond du gouffre sanguinolent qu'est la matrice-terre. Un trou. Même pas un vide ; des flèches telles des lasers fusent d'une paroi à l'autre, s'entrechoquant, giflant l'espace creux, anéantissant la femme que je suis devenue, la jeune fille, la petite fille, le bébé, la vie en moi. Mamaaan ????!!!! Mon mari s'est approché et me regarde perplexe. « Elle a raccroché. Elle ne veut plus… » Je fonds en larmes sans terminer ma phrase

« … de moi. »

C'était presque minuit. Les activités se sont enchaînées au travail, David entre, tout en s'excusant, dans la chambre à coucher. La lumière est allumée. Elle est assise au bord du grand lit, les yeux rougis. Il s'approche et la questionne du regard. « J'ai eu la Suisse au téléphone. » Rien de grave ? Elle secoue la tête ; pas un non, pas un vrai oui non plus. Elle se mouche bruyamment. « Tu te rends compte ! Elle croit que je suis folle !… » Il ne comprend rien, il la voit juste bouleversée. « Il y a sûrement une erreur » essaie-t-il. Mais elle n'écoute pas. Elle ressasse les paroles qui viennent de s'échanger à plus d'un millier de kilomètres de distance. Comment peut-elle croire cela ? « Elle m'a demandé s'il y avait des antécédents, des soucis de santé dans la famille. Tu te rends compte ? Avec ma mère folle, elle pense que je suis comme elle : folle ! » David se sent fatigué. Sûr que tout allait s'arranger, que c'était un malentendu. Il ne sut pas et ne saura pas qu'elle avait coupé définitivement toute possibilité de relations. Nous n'aurons plus de contact. S'il l'avait su, me dira-t-il après le décès de ma mère, il aurait pu en rediscuter avec elle. Fâchée, elle devenait bornée, mais il savait lui faire entendre raison, peu à peu. Il aurait pu. Il aurait dû. Il m'a dit regretter et sincèrement, je le crois. Je ne savais rien des antécédents familiaux. Je ne connaissais même pas l'existence de ma grand-mère maternelle. Un malentendu. Une fin de non-recevoir. L'irrémédiable absence, à nouveau.

Comme c'est étrange : savoir que votre mère vit sa vie quelque part suffit à vous soulager pour ne pas y penser. Des années sans la voir. Des années sans de réels échanges, sauf quelques banalités envoyées ici ou là lors des fêtes annuelles. Rien, en fait, mais un *rien* dont je me contentais. Parce que – au cas où – j'aurais pu aller la voir. Au cas où – j'aurais pu lui téléphoner. Au cas où – j'aurais pu lui écrire. Au cas où – cette relation aurait encore été possible. Un rien possible. Là, c'en était fini.

Plus de trace, plus d'envie. Seuls restaient des mots coléreux et cinglants.

Ma solitude est immense. L'abandon vécu cette fois-ci par une adulte et non plus cellulaire comme celui d'un bébé ou diffus comme celui d'un jeune enfant. La cruauté d'une absence définitive. Cette perpétuelle question « Comment une mère peut laisser son enfant ? » Cet abandon fait remonter tous les autres, petits et grands, les trahisons et les multiples incompréhensions qui ont parsemé ma biographie jusqu'à cette soirée fatidique. Je suis anéantie. Je déprime. Je me fais aider. Je m'aide à vivre avec ce trou matriciel que les psys m'invitent à amadouer pour ne plus espérer. Garder l'espoir d'un revirement de sa part, qu'elle aurait quand même le désir, voire le besoin, une fois, de me revoir. Peut-être quand elle sera mourante ? Je me vois lui rendre visite, sa vieille main ridée prenant la mienne et s'excusant par le regard – parce que les mots ne viennent plus – d'avoir été celle qu'elle n'a jamais été. Des yeux bleus, si intenses, légèrement voilés par la morphine, qui exprimeraient un pardon. J'en ai rêvé. Croyez-moi, je n'ai cessé de rêver, malgré la désespérance à apprivoiser.

2007 - 2014

Je fête mes cinquante ans. L'ère d'internet, des logiciels de plus en plus performants et de Facebook dont le but premier est de rapprocher les êtres humains de cette planète. Vous cherchez une copine d'école : Facebook. Un ancien amoureux : Facebook. Alors pourquoi pas ma mère ? Régulièrement, tous les deux ou trois mois, sans rien dire à mon entourage, je passe quelques heures derrière mon écran à la traquer. *Recherche ma mam' désespérément**. Je refuse cette séparation et à chaque tentative infructueuse, je me fais mal. Inconnu. Sites d'annuaires d'Angleterre, du Pays de Galles, d'Écosse (pourquoi pas ?). *Not found.* Je revisite sans cesse cette relation sans issue. Je clique sur chaque profil ayant son nom de famille ; « Bonjour, si vous êtes de la famille de L. veuillez me contacter. » Messenger sans message, jusqu' en… janvier 2015.

---

* Référence au film « Cherche Susan désespérément » *Desperately Seeking Susan*, de Susan Seidelman (1985).

<h1 style="text-align:center">2015</h1>

Bonjour. Je suis le fils de L. Vous pouvez joindre mon père au numéro +...

L'impression d'avoir été attachée à une corde tendue et qui, tout à coup, lâche alors que vous tombez au sol. De l'autre côté de mon portable, David. Il est heureux de mon appel. Ma mère est décédée en décembre d'un cancer de l'œsophage. Gravement malade durant ces trois dernières années. Je revois l'image de mon rêve, elle sur un lit, moi à ses côtés. David semble entendre ce que je ne dis pas. « Elle ne voulait pas que tu viennes. Je le lui ai proposé plusieurs fois, mais... non. Sous morphine, ses derniers mois ont été très pénibles, alternance d'états sereins et d'accès d'agressivité. – On peut se voir ? – Volontiers, tu es la bienvenue. Si tu veux, je vous conduis et nous irons voir l'un de tes frères au Pays de Galles. L'autre habite dans ma rue, c'est plus simple. J'organise cela dès que je sais la date de ta visite. » *Charming*, toujours. Mes frères, une famille là-bas. Un bout de lien dans mes mains, que ma mère ne peut plus casser par arrogance, refus, déni, culpabilité, fierté, peur, que sais-je ? Nous voyagerons un mois plus tard.

Alors c'est ici qu'elle a vécu ? Tout est resté à l'identique.

Dans ses cartons maintes fois déplacés, elle a gardé la pendule neuchâteloise et les assiettes de collection. Partout des tapisseries au point de croix *home made* ; fleurs, chiens, chats, oiseaux et des sentences sur le bonheur. Cela fait « vieillot ». Je remarque soudain qu'elle avait 78 ans. Elle a fait un bond de 30 ans dans mon esprit ; mon dernier souvenir d'elle, notre dernière rencontre. Il n'a encore rien bougé depuis son départ ; les manteaux, les robes, les pulls dans l'armoire de la chambre où nous logeons, les bottines de pluie à l'entrée. Durant une longue journée, nous nous asseyons côte à côte, les albums de photos sur les genoux. Il me décrit chaque image, depuis leur mariage. Qu'elle était belle ! Il est ému : sa femme. Mon étrangère. Je découvre leurs années de vie commune, mes frères, petits, bébés dans ses bras puis grandissant. Le bord de mer en maillot, les rires sous les parapluies, les chiots, les moutons, la cueillette des cerises, les amis. Ariane et Walter ! Un univers parallèle. Je n'ai d'yeux que pour son visage. J'y guette un soupçon de regret, je n'y décèle que la joie normale et quotidienne que l'on montre devant l'objectif. Tout est si normal. Si convenu. Si banal. Je n'en suis pas ; rien dans ma vie n'a été banal.

Mon *petit frère* pèse 100kg, des bras tatoués et je m'écrase avec bonheur dans ses bras. Il est drôle, plein de vie, atypique, anesthésiste et accro aux motos. Mon mari et lui papotent des heures. Je parle peu et mal l'anglais ; heureusement que mes yeux et mes mains peuvent toucher, expliquer sans mots, ma gêne à entrer dans ces intimités tout en les revendiquant par naissance et, tout aussi puissamment, exprimer combien j'apprécie d'être parmi eux. C'est *ma* famille, je me convaincs. Étrange-ère famille dont je suis sans être. Comme celle de Genève d'ailleurs à qui je rends « visite ». Le surlendemain, nous voyageons quelques heures pour nous rendre chez mon autre frère ; le grand des petits frères, celui qui est né à Genève. Et... qui ne le sait pas encore. Car je me pointe avec le passé de ma mère dans mes bagages.

David est tendu. L'accueil est *british*-ment chaleureux ; thé, petits gâteaux, dîner au four. Lui et sa femme sont parents et grands-parents depuis peu. Je ne comprends quasi rien quand ils causent ; l'accent fait barrière, en plus de la langue. Je me mets en mode intuitif, toutes antennes dehors. Mon mari me confirme d'un regard que « quelque chose se passe ». Nous faisons diversion, demandant des nouvelles et des photos de leur famille, nous attardant sur le métier de mon frère, sa passion pour les vieilles voitures, un passage dans son garage. Apéro, et le dîner est bientôt servi.

Notre chambre est prête à l'étage ; nous nous y réfugions une petite heure pour nous reposer et partager notre ressenti. En bas, cela discute et le ton monte. « *Ready !* » Le repas est servi, mais pas que. Mon frère pleure derrière ses lunettes, sa femme, debout, lui tient les épaules, courroucée, digne en maîtresse de maison placide face à ses invités. Peu de mots, les fourchettes raclent les assiettes et nous félicitons la cuisinière. David a le visage rouge à force de se contenir. Les deux hommes s'évitent du regard. L'un renifle, l'autre attend.

« Alors, je suis né à Genève ! » dit enfin mon frère en me regardant. Oui. Si différent du cadet ; lui petit, sec, visage allongé, cheveux ondulés poivre et sel. Origines italiennes flagrantes. Enfin vient la question « Pourquoi ? » À David d'expliquer la raison de leur choix de ne pas avoir dévoilé ce secret : l'envie que ce petit à l'âme que l'on sent sensible soit éduqué comme « le leur », sans le risque qu'il se perde à l'adolescence à la recherche d'un père absent. David, 75 ans, qui parle au nom de lui et de ma mère. Qui parle au nom de ma mère depuis deux jours déjà. Il prend la responsabilité de mettre des mots dans la bouche de sa défunte femme. Il prend acte de la peine, des choix, il explique sa volonté d'accompagner avec cœur le pack entier qui lui avait été livré de Suisse en 1962 – femme et enfant – avec tout l'amour dont il est capable. Il n'a jamais failli en amour, mais il se sent à cet instant pris en faute. Lui qui n'a voulu que leur bonheur. Je me dis que ma mère lui a laissé le sale boulot.

L'alcool pris au salon atténuera l'impact, mais nous ne ferons pas tard. Nous sommes un peu « sonnés ». Le lendemain, alors que mon frère me serre dans ses bras pour me dire au revoir, il me murmure à l'oreille dans un anglais impeccable

« Contacte mon père. Je veux le voir. »

« Roberto ???... – Oui, allo, c'est qui ? » Je me présente et lui annonce le décès de Lily. Il me remet facilement malgré ses 80 ans passés. Je cherche mes mots. Je temporise. Je lui décris comment j'ai réussi à retrouver ma famille d'Angleterre, mon voyage et... finalement, le fait que son fils vient d'apprendre ses origines. « Elle ne lui avait jamais rien dit ? » Non. J'appelle justement parce que son fils m'a fait la requête de le joindre et qu'il aimerait le rencontrer. Silence. « Je n'ai pas eu d'autres enfants. Ma femme et moi, on n'a pas pu. » Son seul enfant. Silence.

« Roberto, je n'attends pas de réponse ici, tout de suite. Je vous propose de vous recontacter dans une ou deux semaines. Qu'en pensez-vous ? – Je ne pourrai pas, c'est trop tard, je ne pourrai pas. » Mais, il en parlera avec sa femme et attend mon prochain coup de fil. Il est bouleversé et moi tout autant, l'imaginant dans son petit logis, ressortant le cadre, la photo du garçonnet qu'il avait peut-être – finalement – déposée au fond d'un tiroir. Père un jour, père toujours.

Il n'a pas pu. Il m'a dit que c'était cinquante ans trop tard. J'ai encore argumenté – revoyant mon frère en pleurs – que le secret venait juste d'être révélé. De la lassitude dans sa voix. Trop tard. Trop vieux pour supporter de le revoir. Je comprends, comme je comprends ! Comme je respecte et honore cet homme, ce père, lui aussi abandonné. L'époux possessif, voire maltraitant, mais père. Je n'excuse rien. Je ne prends aucun parti ; qui suis-je pour juger la fuite d'une jeune femme qui ne demande que le bonheur, un homme prévoyant et un foyer pour se construire ? Je me sens triste pour lui. En colère contre elle. Cette femme laisse aux autres les miettes d'un repas dont elle s'est repue, puis elle s'en va ! Méchante, lâche, égoïste. Je l'ai souhaitée comme mère, là je la déteste comme femme.

Je transmets sa réponse négative par mail. Entretemps, mon frère a réussi à reprendre contact avec David ; ils se voient lorsqu'il est de passage près de Birmingham. Mon beau-père est venu me visiter. Il a mis à nouveau des mots sur le vécu de Lily, cette fois pour que ma fille comprenne. Ma fille, face à lui, sceptique, droite dans ses bottes et intolérante à toute explication. David a aussi contacté Ariane dont je ne connaissais ni nom, prénom ou adresse.

Je joue aux dominos ; au lieu de tomber, les pièces se redressent les unes après les autres. Voilà une tante, un oncle et… une grand-mère !

Des photos d'elle qu'Ariane m'apporte au restaurant où nous sommes invités par David. Ma grand-mère a vécu à Genève jusqu'à sa mort en 1992 et dix ans dans le *même* quartier que moi, alors que j'habitais chez Mamie. Des vies parallèles. Je me sens constituée de trous, de lambeaux d'images qui auraient dû être chairs, visages, corps, odeurs, sensations. Raisonnablement satisfaite de reconstituer ce puzzle. Émotionnellement épuisée de tant d'impuissance et de regrets. J'apprends encore l'existence d'une grand-tante, sœur de ma grand-mère, internée, dont les œuvres d'art brut ont figuré dans une exposition. Une artiste ! Une hors norme ! Et moi qui suis devenue art-thérapeute. Je suis cette piste, espérant une archive, une peinture quelque part, mais sans succès. Trop tard. L'état civil me fournit les informations strictement officielles sur la vie de ma grand-mère : nom, dates des mariages et décès en me précisant que ma mère n'a jamais été reconnue. Au moins, ma mère a-t-elle essayé de broder avec les lambeaux de sa propre vie.

COURT ÉPILOGUE

Nous nous rendons visite tant en Angleterre qu'en Suisse. Mon frère gallois reste terré, mais se régale de son rôle de grand-papa possessif. Le cadet voyage. Mes enfants le rencontrent en Suisse ; cette configuration familiale-sans-en-être fait bizarre à tout le monde, mais nous aurons au moins essayé. Nous avons passé outre le souhait de ma mère de ne jamais nous réunir. Nous serons ensemble à déposer ses cendres.

Peut-être que son âme, bien plus libre et généreuse que n'a été son corps sur terre, nous aide – à sa manière de défunte – à réparer, à nous offrir un peu de présence et des sourires avec des petites poches sous les yeux, qui nous caractérisent.

Demain, c'est mon anniversaire. Le hasard du calendrier. Je termine le premier jet qui deviendra ce livre. Mon père est mort l'an dernier, me privant de sa version inoubliable de Syracuse[*]. Je suis orpheline ; tout est dit.

Demain je vais honorer le Orhh Orhh de mon cœur.

---

[*] https://fr.wikipedia.org/wiki/Syracuse_(chanson)

POSTFACE

«J'ai lu le livre de Marianne Grasselli Meier non pas d'un trait, mais d'un Souffle. Ce roman-récit m'a happée par sa puissance de vie. Cette vie qui fleurit obstinément dans les fêlures d'une existence hors-norme.

D'une bouleversante intimité, d'une lumineuse humanité, d'une précieuse universalité, il concentre dans ses lignes denses et vives, véritables «bouteilles à la mère», les blessures et questionnements qui hantent nos destinées (si) humaines.

Ces répétitions qui fragilisent autant qu'elles alourdissent le fil des générations, les béances de l'absence impossibles à rassasier, les rendez-vous manqués, les «mots» du corps qui s'expriment en indicibles maux... et malgré cela - oserais-je dire «grâce à cela» ? - l'infinie magie d'une vie, de la Vie. Ce livre-guérisseur, qui résonne si puissamment, éclaire de manière singulière et sensible l'Amour que porte Marianne à la Terre-Mère et son don d'honorer le sacré.»

Carine Anselme, journaliste, auteure et praticienne en danse-thérapie.

« C'est touchant lorsque les femmes mûres reviennent sur leur histoire pour, d'une part constater que leur vie n'a pas été banale et, d'autre part, montrer aux plus jeunes que, malgré des circonstances parfois difficiles, elles ont choisi de guérir et d'oser explorer des terres encore inconnues et de nouvelles façons de se mettre au monde.

Dans son ouvrage *En quête de mère*, Marianne Grasselli Meier revient sur le fil de son histoire et le vide de mère qu'elle a ressenti tout au long de sa vie. Avec courage et détermination, elle a fait de sa souffrance une perle, a vécu une maternité responsable et épanouie, une vie de femme bien remplie et peut maintenant incarner plus sereinement la Mère de Clan, celui des Ecorituels®, qu'elle est devenue.

Marianne reflète en effet la maternité des femmes accomplies, pas que dans le sens biologique mais aussi par la place de leadership et de responsabilité à prendre soin et à éduquer, au service de notre belle Mère la Terre. »

Claire Jozan-Meisel, yogini, herbaliste, doula et facilitatrice de cérémonies pour une spiritualité
de la terre. Auteure du livre *Les Sagesses du cercle - La résurgence de la spiritualité féminine*

Lily

REMERCIEMENTS

D'avance, je m'excuse auprès des vivants et des morts, au cas où le contenu de ce livre les blesserait d'une quelconque manière. Je n'ai pas cherché à juger qui que ce soit ; le destin est si mystérieux et une auteure si subjective. Par choix narratif, j'ai omis certaines personnes qui ont jalonné mon existence ; je les remercie même si elles ne paraissent pas dans cet ouvrage. Merci à *mes* familles de leur compréhension. Ce livre est né d'un besoin, à présent comblé.

Je le dédie à L.S., C.G., C.B., V.G., M.B., P.G., D.D.S., T.S., S.S., E.W.

Je remercie mon mari et mes ami.es pour supporter mon hypersensibilité, mes sautes d'humeur quand le vide se fait trop sentir, qu'il fait surface et me rend si... artistiquement fragile ! Je remercie Jean-Philippe de Tonnac de m'avoir lancé en 2019 lors d'un repas à Paris « Alors... ce roman ??? »

Je remercie la Vie, toujours plus forte que ce que nous espérons d'Elle.

Péry, Suisse.

© Olivier Cochard

DE LA MÊME AUTEURE

Aux Éditions Trédaniel

Rituels de femmes pour s'épanouir au rythme des saisons, 2016.

Le réveil des gardiennes de la terre ; guide pratique d'écothérapie, 2018.

Devenir chaman, même pas peur !, Éd. Exergue,2019.

L'oracle des saisons, quand la nature parle aux femmes, 2019.

La nature guérisseuse, pratiques inspirantes d'écothérapie, 2021.

Le petit oracle du sacré, Éd. Contre-Dires, 2023.

En auto-édition

The waking of the gardian women of the earth, 2022.

Le temps des ça-voirs, une voie de sagesse féminine, 2022.

Les cartes de soins-racines, 2023.

les Grasselli. Elle avait donc appris que Claude avait du succès et que Pierre s'était mis à son compte. Il jouait en piano solo dans les plus grands hôtels de Genève, passant de l'International aux Bergues sans oublier les stations d'hiver huppées du Valais. Elle n'avait plus croisé Claude depuis leur divorce fin 1959. Ainsi, elle tirait un trait sur cette première expérience de couple ratée. Le mieux, pour avancer dans la vie, c'était de ne pas se retourner vers le passé.

UNE « NOUVELLE FAMILLE ». C'est comme ça qu'à l'orphelinat on appelle les étrangers – souvent des couples – qui viennent nous voir et nous choisir. J'ai des copains et des copines. Je joue avec eux à qui s'élance le plus vite en haut du toboggan, on s'attrape au jeu du mouchoir. Et puis, du jour au lendemain, je ne les vois plus. Ils ont une nouvelle famille. Leurs lits sont vidés de leurs draps.

Une fois, des étrangers s'arrêteront aussi pour moi, ils souriront en me posant des questions, resteront un peu plus longtemps que les autres au parc et – si j'ai de la chance – j'aurai un papa et une maman avec qui grandir. Pour le moment, j'ai juste ma Mamie ; elle fait une famille à elle toute seule. J'ai essayé un tricycle et je me sens bien aventureuse. Elle était là, elle m'a félicité. Elle m'a choisie, elle.